仙台領に生きる

郷土の偉人傳 Ⅲ

古田 義弘

表紙イラスト「仙台城下」（明治元年頃）のイメージ　古田義弘

目次

第一章　遂げずばやまじ

第二章　美・遊・創・感

第一章　遂《と》げずばやまじ

画／建築家・吉田イサム

1　伊澤　平左衛門（いさわ・へいざえもん）

勝山酒造店（写真・筆者）

▼京都守護職（きょうとしゅごしょく）

鎌倉幕府初期の職名。京都警衛の任に当たり、近畿の政務をつかさどった。承久の乱後、六波羅探題が代わって置かれた。京都警護・洛中守護を担当する。

▼飢餓（きが）

飢えること。一時的・地域的現象である飢饉（ききん）と対比して、永続的・慢性的な食糧不足や低栄養状態を言う場合もある。

二代目平蔵　「勝山」の基礎

伊澤平左衛門（いさわ・へいざえもん）。一八五八～一九三四（安政《あんせい》五～昭和八）。仙台市生まれ。三代目平蔵。士格《しかく》十五人扶持《ぶち》。伊達家御用蔵。現在、勝山《かつやま》企業。

伊澤家は代々酒造を業とし、創業六代目で平左衛門が生まれたのは、開国を巡る政争で、国家維持のため、会津藩主が京都守護職に就いた一八六二年（文久《ぶんきゅう》二）十一月である。平左衛門は恐慌《きょうこう》と飢餓が連続して襲《おそ》う時代にあって、公的活動で幾多の難題に取り組んだ。中でも、世界大恐慌で危機に瀕した地元三銀行の合併に奔走《ほんそう》し、仙台の経済界を守ったことは特筆される。

祖は、元和《げんな》の頃（一六一五年～）、奥羽留守職《おううるすしき》伊澤左近将監の文流で、胆沢《いさわ》郡

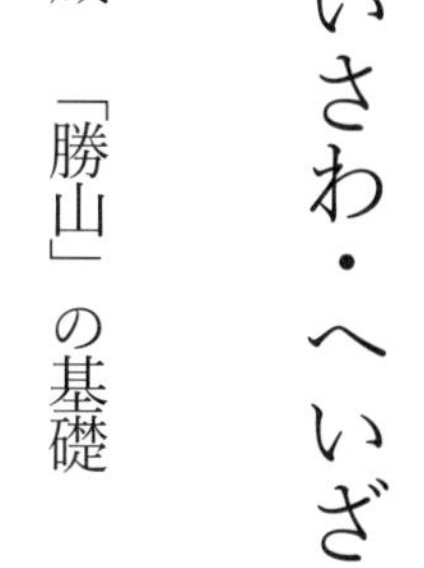

伊澤　平左衛門

（岩手県）の帰農郷士伊澤一族より出る。元禄《げんろく》時代（一六八八〜）に仙台に出て、初代が伊澤屋、二代目が謄澤屋を名乗り商人になる。三代目になる伊澤平蔵が濁酒醸造《にごりざけじょうぞう》を生業《なりわい》とし初代平蔵となった。

二代目平蔵は、奉公人から婿《むこ》になり、家業を確立した。清酒醸造の特許を許されて、一八五七年（安政四《あんせい》）仙台藩御用酒屋となり、上杉《かみすぎ》の屋敷を拝領した。さらに苗字《みょうじ》・帯刀《たいとう》を許されて士格となる。以来、「勝山《かつやま》」「泉川《いずみかわ》」と清酒を醸造し、仙台東照宮や仙岳院の御神酒醸造権を得て伊澤家の基礎を築き、仙台を代表する酒造家となった。

仙台商業会議所会頭、貴族院議員に

戊辰戦争に敗れ、さらに明治維新で禄《ろく》を失い、生活に困った藩士たちから武家屋敷の買い取りを頼まれた。先の見通しの立たない時代であったが、苦境を見かねて屋敷や田畑の買い取りに応じた。伊澤家に不動産が多いのはこういう

▼帰農郷士（きのうごうし）
都会での職を辞めて地方に帰り、農業に従事すること。

仙台東照宮（仙台市青葉区）

▼士格（しかく）
士族は家禄や帯刀を許されて、武術にも当たり、士族に準ずる格とされる。

▼仙台東照宮（せんだいとうしょうぐう）
仙台藩二代藩主・伊達忠宗公が、東照宮大権現を伊達家の守護神として祀るために、一六四九年（承応三）に完成した。国指定重要文化財。

▼仙岳院（せんがくいん）
一六五四年（承応三）、仙台藩二代藩主・伊達忠宗公が勧請した仙台東照宮兼同寺が創建された。

事情があった。不動産はさらに増え続け、上杉から古川まで至り、南は秋保まで「自分の土地を歩いても行ける」と言われるようになった。

維新の混乱期にも養父を助けて家業を隆盛《りゅうせい》にし、仙台を代表する資産家となり、明治、大正、昭和初期における経済界に伊澤家が影響力を持つようになった。家では質素倹約《しっそけんやく》を徹底し、家のしきたりは絶対的で厳格な家格で信頼されてきた。

仙台市議会議長、多額納税者として貴族院議員に挙げられ、一九〇三年（明治三六）、仙台市教育会学生保護部の創立発起人となり、学生を援助した。さらに二百円（当時の一円を現在の二万円相当とすると、約四百万円）を寄付して基金を設立、学都仙台の基礎を築いた。

一九〇四年（同三七）、仙台商業会議所会頭《かいとう》、恐慌《きょうこう》時代を迎えた一九〇八年（同四十一）、七十七銀行立て直しのため頭取《とうどり》に就任。一九一三年（大正二）、宮城県酒造組合長など県勢の発展に貢献した。翌一九一四年（同三）には貴族

▼戊辰戦争（ぼしんせんそう）
明治新政府とそれに敵対する旧幕府、諸藩との内戦。発生した一八六八年（慶応四〜明治元）の干支である戊辰（つちのえたつ）を取った呼称。

▼貴族院議員（きぞくいんぎいん）
貴族院を組織した議員。皇族議員・華族議員・勅任（勅選）議員・多額納税議員（のちに学士院会員議員も）により構成された。

▼仙台商業会議所（せんだいしょうぎょうかいぎしょ）
一八八九年（明治二二）、「商業会議所条例」が公布され、仙台にも二年後の一八九一年（同二十四）に商業会議所が設立された。早坂智寛（はやさか・ともろう、第四代仙台市長）を初代会頭として発足。仙台市への強い働き掛けにより、現在の仙台商業高等学校と仙台工業高等学校が開校した。

勝山公園内にある伊澤平左衛門翁の胸像

▼原敬（はら・たかし）（一八五六〜一九二一）

政党政治家。盛岡藩士の子。大阪毎日新聞社長。政友会に参加、逓相・内相を経て第三代総裁。一九一八年（大正七）、最初の政党内閣を組織、平民宰相と呼ばれる。東京駅で暗殺された。

原　敬

東北産業博覧会（昭和３年）

院議員になった。

義理と人情をわきまえていたので多くの人に慕《した》われ、市議会議員時代は土木、水道、都市計画関係に活躍。一九二〇年（同九）、原敬首相から強く誘《さそ》われ、衆議院議員となり、政友会に属した。原内閣の下で東北大学の拡張、塩釜港の整備、仙山線建設など、その才を振るい多年の懸案《けんあん》を解決する。

七十七銀行設立、仙台の発展に寄与

四代目となる伊澤平左衛門の長男で、早くから父に代わって実業に精励《せいれい》し、明治四十一年酒造で山卸育成を成功させ、業界に大きく貢献した。また、第六代の仙台商業会議所会頭に就いた平左衛門は、折からの昭和金融恐慌《きんゆうきょうこう》で、苦しんでいる東北の産業振興と地元産業の活性化のため、初の東北産業博覧会の開催に全力を傾けた。県と市は財政ひっ迫とのことで仙台商業会議所が博覧会を主催することになった。渋沢栄一が総裁となり、会長に伊澤会頭が就任して、

▼渋沢栄一（しぶさわ・えいいち）（一八四〇〜一九三一）
実業家。大蔵省に出仕、辞職後、第一国立銀行を経営。製紙・紡績・保険・運輸・鉄道など多くの企業（約五百社）の設立に関与、財界の大御所として活躍した。引退後は社会事業・教育にも尽力。

渋沢栄一

勝山酒造店（仙台市青葉区上杉）
（写真・筆者）

総予算六十七万六千円を計上。二年がかりでの準備で規模・内容の充実を図った。干支《えと》が戊辰《ぼしん》の年に当たる一九二八年（昭和三）、東北産業博覧会は川内の騎兵第二連隊跡（現県立仙台二高）と西公園、榴岡《つつじがおか》公園の計四万坪（十三万二千平方㍍）の会場で開催した。仙台市の人口の二倍以上の四十五万人が来場する大盛況で経済効果は大きく、これを契機に仙台七夕まつりの開催など仙台経済界は活気を取り戻し、景気回復の起爆剤となり博覧会は成功した。

しかし、三万二千円（現在二億円強）もの赤字になり、伊澤会頭は「責任者は私ですから、どうか私一人に負担させて下さい」と公約通り全額を支払った。

いま、仙台市青葉区上杉二丁目の勝山公園にある平左衛門の胸像は、氏の侠気に感激した議員一同から贈られたものだ。その時、平左衛門は一流の彫刻家より、本県で若く将来性のある小室達にと推した。

平左衛門は酒造の品質を追求するだけではなく、旧制二高の移転に際して、雨宮《あまみや》（現在の仙台市青葉区）の敷地を提供。さらに自邸の庭園千百二十四坪（約三千七百平方メートル）を子供たちのために寄付し、仙台市の児童公園（現勝山公園）とした。さらに仙台と山形を結ぶ仙山線実現のために東照宮周辺の土地を提供。東北学院への援助、伊達家菩提寺《ぼだいじ》の瑞鳳寺（仙台市青葉区霊屋下《おたまやした》）に本尊の釈三尊像を毛越寺《もうつうじ》より購入して寄贈。吉田高等学校（現聖和学園）の設立、金華山《きんかさん》黄金山《こがねやま》神社（現石巻市）に観音堂を建立するなど多くの慈善を施している。

格別目を引くのは、仙台経済界安定のため行った金融界再編への取り組みである。一九二三年（大正十二）に七十七銀行の頭取に就任した平左衛門は、一九二七年（昭和二）の金融恐慌で経営不振に陥った宮城商業銀行救済のため、仙台興業銀行と共に七十七銀行に合併して将来に備えた。一九三二年（同七）には、満州事変と世界大恐慌によって金融恐慌が全国に広がり、多くの銀行が倒産した。平左衛門は数年前にすべての公職を退いていた。享年七十四歳。（菩提寺・若林区林香院）

▼小室達（こむろ・とおる）（一八九九〜一九五三）
伊達政宗公の騎馬像（初代）を制作した彫刻家。柴田郡柴田町生まれ。白石中・東京芸大卒。帝展（現日展）第五回より無鑑査。二十七歳ながら日本美術界での地位を確立。

▼瑞鳳寺（ずいほうじ）
松島・瑞巌寺と共に伊達家の菩提寺の一つ。境内に三代藩主までの廟所がある。「十七ヶ寺」（武士の一門格）であり、公儀の御寺。仙台市青葉区霊屋下にある。

瑞鳳寺山門（仙台市青葉区霊屋下）

勝山公園（写真・筆者）

2 建部 清庵（たけべ・せいあん）

〝時の太鼓と建部清庵〟

建部清庵（たけべ・せいあん）（二代目清庵、由正《よしまさ》）は、一七一二年（正徳二《せいとく》）七月、一関川小路（現岩手県一関市）で生まれる。由正（諱）の父元水（一代目清庵）は、江戸生まれ。瘍科《ようか》（外科）医で、父と同様堀家《ほりけ》（江戸）の侍医《じい》を務めていたが、その待遇《たいぐう》が心に合わず暇《ひま》を願ったところ、「外様公御構《とざまこうおかまえ》（他の大名への奉公を禁ずるの意）」で許された。

一六九五年（元禄八《げんろく》）奥州へ下り、江刺郡岩谷堂《えさしぐんいわやどう》（現奥州市）に居住し、治療で度々一関へ来た。そのころ、一関藩士の瘡毒《そうどく》（腫物《はれもの》の一種）を治療したことが評判を呼び、それが藩主田村建顕《たむらたけあき》の耳に入って元禄十年、一関に留まることになった。

建部　清庵

一関文化センターにある建部清庵像

▼諱（いみな）
死者へのおくり名。二代清庵の名は由朴、字（あざな）は元策。当時は名前が二、三回変わるのが通例だった。

▼一関藩（いちのせきはん）
一六八一年（延宝九）三月に陸奥国岩沼（現宮城県岩沼市）より田村建顕（たむら・たてあき、伊達政宗の曽孫）が移封され、翌一六八二年（天和二）に入部したことに始まる田村氏一関藩。仙台藩伊達氏六十二万石の領内に三万石の領地を分けて分家された外様支藩（内分分家）。

▼時の太鼓（ときのたいこ）

一六八六年（貞享三）に、初代一関藩主田村建顕（たむら・たてあき）が、老中阿部正武の内意を得て、居館裏門に太鼓を設置。長昌寺所蔵。一関市指定文化財。

▼本草学（ほんぞうがく）

薬用となる動植物・鉱物について研究する中国古来の学問。日本には奈良時代に伝えられ、江戸時代に盛行した。

『民間備荒録』（一関博物館資料）

清庵は、一七三〇年（享保《きょうほ》一五）、江戸屋敷に詰めていた仙台藩医松井寿哲へ入門のために十九歳の時に江戸へ上った。藩主から学資を与えられて、江戸で富永建意についてオランダ医学を学ぶ。由正は藩医として待遇を受けていたが、一七四七年（延享《えんきょう》四）、父の隠居《いんきょ》に伴って家督を相続し、「清庵」を名乗り、藩主四代田村村顕《むらあき》、五代村隆《むらたか》に仕えた。

「一関に過ぎたるものは二つあり。それは〝時の太鼓と建部清庵〟」という言い伝えがある。〝過ぎたること〟とは、飢餓から人々を救ったこと、医学・蘭学の発達に貢献したなど、名医の誉れだったこと。そして、三万石の支藩で「時の太鼓」は幕府から許可されることは珍しいことだったようだ。

『民間備荒録』『備荒草木図』出版

清庵は本草学に詳しく、その知識を元に『民間備荒録《びこうろく》』

建部清庵の旧宅写真

▼凶作（きょうさく）
農作物の出来が極めて悪いこと。

▼餓死（がし）
飢えて死ぬこと。

▼疫死（えきし）
流行病。疫病のこと。

▼飢餓（きが）
飢えること。一時的・地域的現象である飢饉（ききん）と対比して、永続的・慢性的な食糧不足や低栄養状態にいる場合もある。

▼杉田玄白（すぎた・げんぱく）（一七三三〜一八一七）
江戸後期の蘭学医。江戸の小浜藩邸に生まれる。代々藩の外科医。前野良次らと『解体新書』を翻訳。

飢民に米を配る様子（『民間備荒禄』より）

を著した。一七五五年（宝暦《ほうれき》五）は稀《まれ》にみる天候不順の年で、奥州は未曾有《みぞう》の大凶作となった。餓死者、疫死者数万人を数えるに至った。

この大飢饉《だいききん》に遭遇《そうぐう》した清庵は、これに対処するため、山野に生えている草木の食法とその解毒法を書いた『民間備荒録』を出版し、また食用草木を図解した『備荒草木図』を書き、飢民《きみん》の救済に当たった。この時、清庵は四十四歳だった。飢餓から庶民《しょみん》を救うため、清庵が心血《しんけつ》を注いだ書物だった。

清庵はかねてから医学上の多くの疑問を持っていたが、真のオランダ医学（蘭学《らんがく》）を知ろうとして、門人に質問の書状を託して、多くの江戸の医者を訪ねさせた。しかし、彼の質問に答えてくれる医者はなかなか見つからず、ようやく杉田玄白に出会うことが出来た。そして、一七七三年（安永《あんえい》二）、清庵と玄白との間に往復書簡が交わされたのである。清庵は六十二歳になっていた。この書状は、清庵の死後、一七九五年（寛政《かんせい》七）に出版されたが、これが『和蘭《オランダ》医事問答』である。

『民間備荒録』は、建部清庵の代表的な著述で、医学者としての清庵の見解を知ることが出来るものである。序文と凡例《はんれい》によると、『農学全書』『本草図経《ずきょう》』『救荒本草』などの諸書を参照し、飢民救済に有用な草根木葉などについて記載し、一関藩の肝入や組頭に頒布《はんぷ》したものである。なお、同書の編纂《へんさん》から出版までは十六年もの歳月を要したという。

知と情の名医

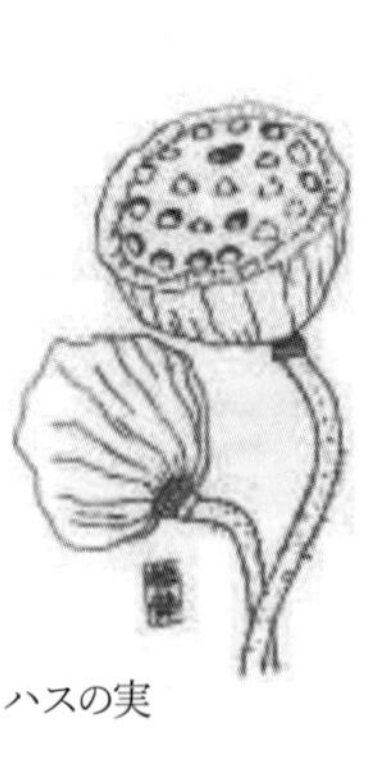
ハスの実

清庵は『民間備荒録』上巻に、飢饉の際に食糧にする植物の栽培方法や備蓄する植物「四木一草《しぼくいっそう》」について述べている。「四木」とは「柿」「栗」「桑」「なつめ」、「一草」は「あぶら菜《な》」のことで、それらの果実を凶作の際には食し、豊作の際にはこれらを売って「麦」「粟《あわ》」「稗《ひえ》」などの雑穀《ざっこく》を買って蓄えるよう勧めている。

▼救荒（きゅうこう）
飢饉の際に救助すること。救荒植物、救荒作物。

▼肝入（きもいり）
肝煎。村方役人。年貢や諸上納・戸籍・土木・その他の村政を司った役で、有力な百姓から採用・任命した。

▼組頭（くみがしら）
与頭。①徒組・弓組・鉄砲組など一部隊の兵の長。②百姓戸数およそ五戸に一名を置く。いわゆる五人組の頭で、法令の伝達、田畑の耕作、年貢諸役の割付、犯罪の防止などを処理し、組内百姓の願、届書に連署した。

▼飢饉（ききん）
農作物が実らず、食物が欠乏して飢え苦しむこと。食物以外でも必要な物資が著しく不足する場合にいう。

▼桑（くわ）
葉は養蚕の飼料とは養蚕の飼料として重要。樹皮の繊維は和紙の原料として、木目の美しい材は家具などに用いられる。

▼なつめ
クロウメモドキ科の落葉高木。果実は乾燥させたり、菓子材料や生薬に用いられる。

▼**くず粉（くずこ）**
マメ科のつる性植物であるクズの根をたたいて水に浸し、汁を絞ってさらした粉。奈良県の吉野葛（よしのくず）は有名。

▼**わらび粉（わらびこ）**
シダ植物であるワラビの根茎から取った澱粉。わらび餅の材料。

▼**かやの実（かやのみ）**
常緑高木（高さ約二〇㍍）。実は広楕円形で、食用・薬用として用いられる。また油を搾ることもできる。

▼**荒歳（こうさい）**
飢饉の年。凶年。

▼**嗣子（しし）**
家督を相続する子。跡継ぎ。

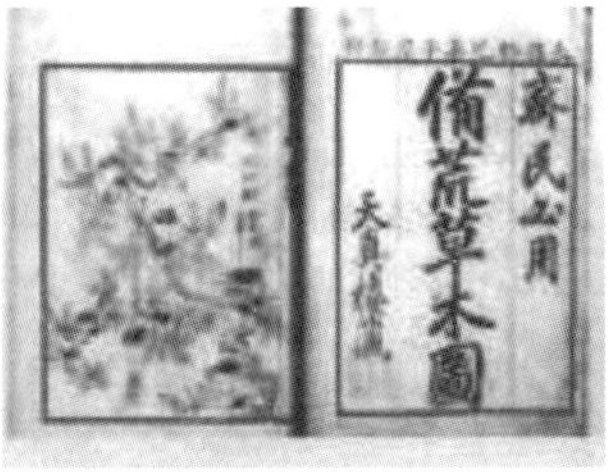
『備荒草木図』（一関博物館資料）

さらに同書下巻では、飢饉の時、食用に供される「くず粉」「わらび粉」「からすうりの根」「とちの実」「いちいの実」「かやの実」など、八十七種類の木の実や山菜、野草の調理法と塩や味噌による解毒法を述べている。さらに狂犬病や諸虫獣傷（毒蛇など）についても記載している。

このような治療法は、現在のように新薬もない時代にあって、むしろ清庵の経験を重んじる科学者としての実践的精神を窺《うかが》い知ることが出来る。

『備荒草木図』は、建部清庵が宝暦飢饉《ほうれきききん》の時、飢民《きみん》の食用とした草木余種を識別し、江刺郡岩谷堂《えさしぐんいわやどう》の遠藤志峯の『荒歳録《ろく》』を参考として、自分で写生した百余種を一関藩の北郷元喬に浄写《じょうしゃ》してもらい、『民間備荒録』に次いで出版する予定であったが、果たすことなく歿《ぼっ》した。それで清庵の嗣子清庵由水から出版依頼を受けた弟の杉田伯元《はくげん》（杉田家に養子）は、和漢名称を訂正し、図の一部を改写してもらって上下二巻に改編。伯元の没後、一八三三年（天保《てんぽう》四）になってようやく出版となった。

従って、建部清庵（二代）が本書の編集を終えて題言を記した一七七一年（明和八）から実に六十二年もの月日が経過して日の目を見たのであった。

清庵は、医師として腕を振るうだけでなく、人材の育成にも力を注いだ。弟子の大槻玄沢は、『解体新書』を著した杉田玄白《すぎたげんぱく》の後継者として活躍した。日本の蘭学発展の基礎づくりや飢饉救済政策に生涯をかけて取り組んだ建部清庵。郷土の枠《わく》を超えた日本の歴史的人物と言って過言ではないだろう。

▼大槻玄沢（おおつき・げんたく）
（一七五七〜一八二七）
江戸後期の蘭学者・蘭医。江戸に出て杉田玄白・前野良沢に医学・蘭学を学び、ついでに長崎に遊学。江戸に蘭学塾「蘭堂」（らんどう）を設立。著『蘭学階梯』『重訂解体新書』など。

▼解体新書（かいたいしんしょ）
日本初の西洋解剖書の訳本。一七七四年（安永三）刊。「ターヘル・アナトミア」を前野良沢・杉田玄白を中心に翻訳した書で、四年を費やし、改稿十一回を重ねた。『蘭学事始』。

▼蘭学（らんがく）
江戸中期以降、オランダ語によって西洋の学術を研究しようとした学問。享保年間、幕府の書物奉行青木昆陽が蘭学の訳読をしたのに始まり、前野良沢、杉田玄白、大槻玄沢ら多数の蘭学者を輩出。また出島のオランダ商館医師として来日したドイツ人、シーボルトの寄与は大きかった。医学から天文学、博物学、兵学、化学などの学術にまで及んだ。

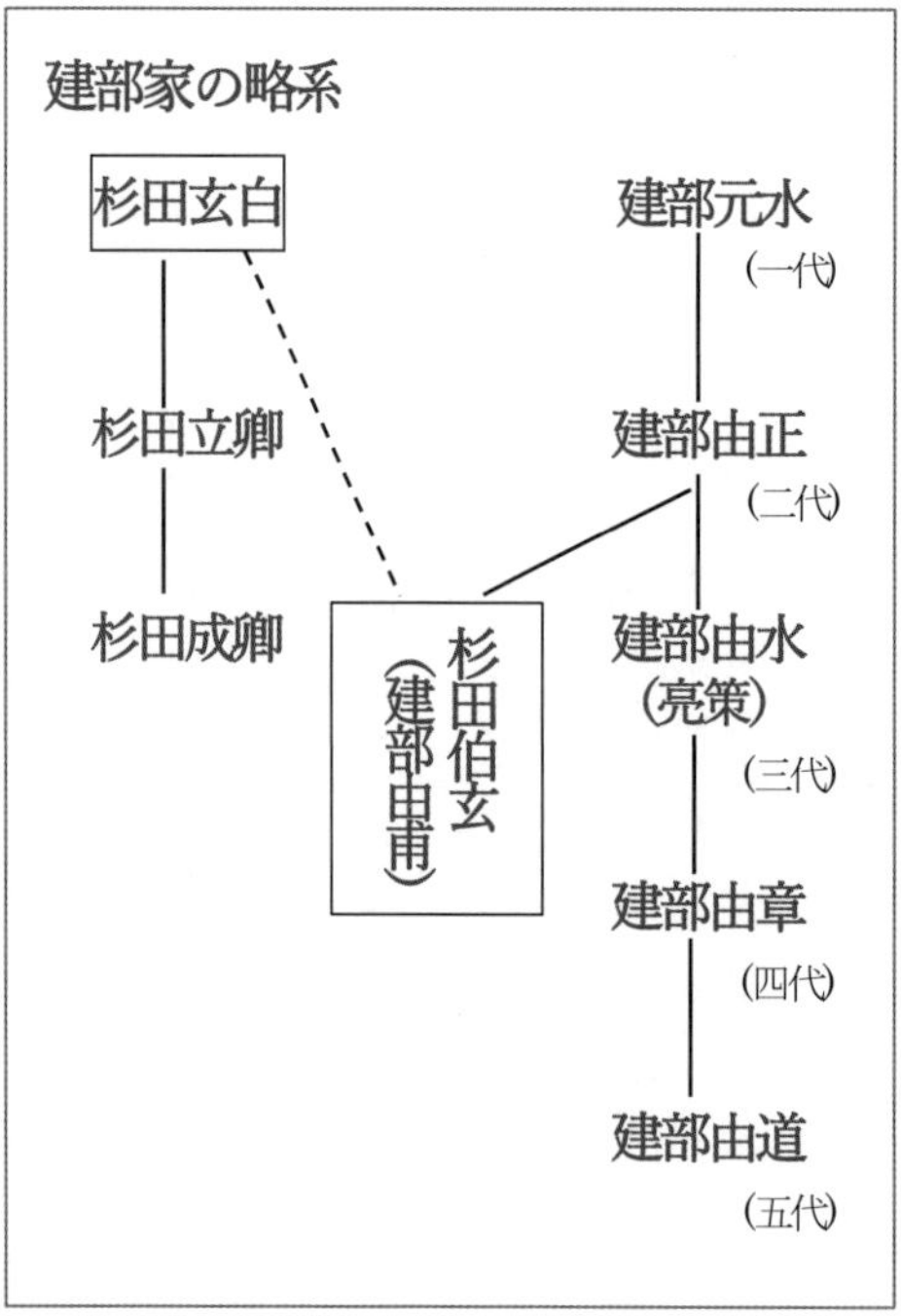

「建部清庵　－知と情の名医－」（一関市博物館刊より）

3 芦 東山（あし・とうざん）

芦東山の生家（一関市大東町渋民）

生い立ち　農民から武士へ

芦東山（あし・とうざん）は、一六九六年（元禄九）、磐井郡東山渋民村《いわいぐんひがしやましぶたみむら》（現岩手県一関市大東町渋民）で生まれた。東山の家は、父も祖父も肝入という村長のような役目をしていた。

芦家は葛西家家臣岩渕《いわぶち》氏を祖《そ》とし、各地を転戦の後、渋民の深芦《ふかあし》に移住し、その子、つまり東山の祖父作左衛門《さくざえもん》（白栄）は、村政の重要な役目を担う家柄として幕末まで続く。東山に大きな影響を与えた白栄は、能吏《のうり》であり、優れた学者であり、東山のために良師《りょうし》と勉学の機会を与えた。

東山は、幼い頃から字の読み書きを覚《おぼ》え、家にあった本を次々と読んでいた。

祖父は学問を修《おさ》めた人を東山の先生にしたいと、東山が七歳の時、正法寺（現

▼肝入（きもいり）
年貢（ねんぐ）や諸上納、戸籍、土木、その他の村政をつかさどる役。有力な百姓から採用、任命された。他藩で一般的にいう庄屋に当たる。

▼葛西家（かさいけ）
奥州合戦（一一八九）後、奥州が鎌倉幕府の支配下に入ると、二人の

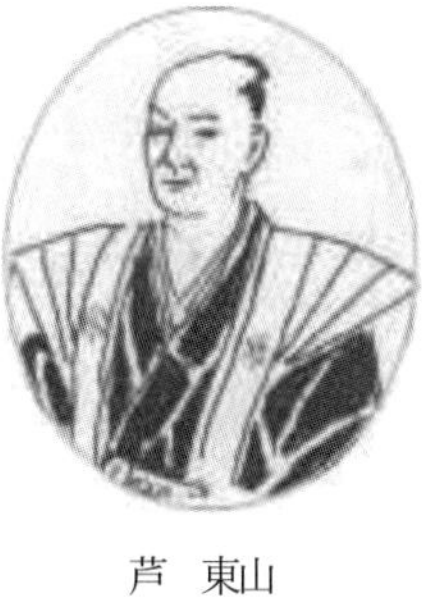

芦　東山

奥州市水沢）の定山良光和尚《ていざんりょうこうおしょう》にお願いした。東山は定山和尚からいろいろなことを学び、難しい本も読めるようになった。

このように小さい頃から学問に励み、農民の出身でありながら、十九歳で番外士として仙台藩の武士に取り立てられる。

仙台藩儒学者へ『無刑録』編纂

番外士になった翌年の一七一六年（享保《きょうほ》元）、東山は京都遊学を命じられ、山崎闇斎門下に学び、また高屋徹斎《たかやてっさい》の門に入り、国学を学ぶ機会を得る。そして四年後に仙台に帰る。その後、仙台城二の丸の御座の間において、五代藩主伊達吉村へ、儒教主義と目的の御前講義を行ない、これがきっかけで藩儒としての道を歩むようになる。こうした功績が認められ、東山は、藩主吉村から賞詞《しょうし》を賜《たまわ》る。

このように、東山は若くして藩主伊達吉村に抜擢されて仙台藩儒学者となっ

御家人（葛西清重・伊沢家景）に陸奥の支配が委ねられ、「奥州惣奉行」と呼ばれる。清重は行政権を受け継いだ（軍事・警察権・御家人の統制など）。葛西氏は下総（しもうさ）葛西御厨（現東京都葛飾区）などを所領したので葛西氏を名乗った。

▼白栄（はくえい）
東山の祖父作左衛門。渋民の肝入として村政の重要な役目を担った。

▼正法寺（しょうぼうじ）
一三四八年（正平三）開山の曹洞宗の古寺。岩手県奥州市水沢にある。日本一の茅葺屋根で有名。

▼番外士（ばんがいし）
番外侍（さむらい）。大番組（旗本）に編入されない平士。出入司の管轄下にある。金上侍（かねあげさむらい・きんあげさむらい）が入る。

▼山崎闇斎（やまざき・あんさい）（一六一八～一六八二）
江戸前期の儒学者。初め僧となったが、朱子学を学び、京都で塾を開くと門弟は数千人に達した。後に吉川惟足（よしかわ・これたり）に神道を学び、神道と朱子学を融合させた垂加（すいか）神道を興した。

た。また、藩主の江戸参勤のお供を命じられて、生涯の師と仰ぐ室鳩巣と江戸で出会うことになる。

　幕府の御用として中国の刑法に関する言論を採集していた鳩巣は、高齢のためその仕事を委託する人物を探《さが》しており、東山がその役を託されることになった。これが後の『無刑録』編纂の手掛かりとなった。

　藩儒としての使命は、藩主への提言《ていげん》をすることであると信じる東山は、二十七歳の時に藩主伊達吉村に上言したという「七練言」がある。（『仙台叢書』参照）

　つまり、君主たる者は道学を明らかにし、賢才を挙げ、直練を容《い》れ、政事を修《おさ》め、逸欲《いつよく》を戒《いまし》め、佞人を退《しりぞ》け、異端《いたん》を絶たなければならないという七条の意見書である。このように東山は、藩政について種々の献言《けんげん》を行なう中で、農政についても優《すぐ》れた見解を示し、教育の重要性に触れ、『無刑録』の編集を念頭に置いた進言をしている。

▼伊達吉村（だて・よしむら）（一六八〇～一七五一）
　仙台藩五代藩主。黒川郡宮床（現大和町）に生まれる。二代忠宗の七男宗房の子。儒学が教養の基本と明確に位置付け、芦東山などが儒学者として活躍するようになる。

▼儒学者（じゅがくしゃ）
　儒学をする学者。儒学とは孔子（こうし）の儒学の流れをくむ教学。儒学と儒教は広義では同じだが、狭義には儒学は学術面、儒教は政教面を中心にいう。中国の戦国期に現れ、政治や倫理の中心教学となり、以後、仏教・道教などの影響を受け、中国思想史に主流的地位を占めた。

▼室鳩巣（むろ・きゅうそう）（一六五八～一七三四）
　江戸時代の儒学者。江戸の人。木下順庵に朱子学を学び、加賀藩儒、のちの新井白石（あらい・はくせき）の推薦で幕府の儒官となる。八代将軍吉宗の侍講（じこう）。

▼無刑録（むけいろく）
　「刑は刑なきを期す」と、刑罰のない理想の世の中を願い、教育刑を提唱した。

▼編纂（へんさん）
諸種の材料を集め、またはそれに手を加え、書籍の内容をつくりあげること。編集。

▼叢書（そうしょ）
ある分野の書物を集めて一大部冊としたもの。『群書類従』『四庫全書』の類。シリーズ。

▼道学（どうがく）
道徳を説く学。儒学、特に朱子学の称。道家の学問。道教。

▼賢才（けんさい）
優れた才知。またその才知ある人。

▼佞人（ねいじん）
口先がうまく、人にへつらう人。

▼学問所（がくもんしょ）
仙台藩の藩校養賢堂（ようけんどう）。一七二一年（享保六）、藩校を統括する奉行職遠藤文七郎が、五代藩主吉村に藩校を設けて家臣の子弟教育が必要との意見書を提出。仙台の豪商八郎右衛門が建設費一千五百両の献金を申し出た。更に儒員の高橋玉斎の案は藩主吉村に容れられることとなり、一七三六年（元文元）、北三番丁に学問所が開設された。

学問所講義席の建議と処罰

一七三六年（元文元《げんぶん》）、仙台藩の学問所が修造《しゅうぞう》され、東山も学問所の読書指南役《しなんやく》を命じられて、藩士子弟の教育に当たることになった。しかし、その学問所は規模が狭小で、東山の意を満たさなかったため、同僚の儒学者佐藤吉之丞成信《きちのじょうなりのぶ》と連名で、「講堂建設願」を提出している。学問所の開講よって、東山も翌一七三七年（同二）から講師として講義を担当することになる。東山は同年十一月、講堂の座列《ざれつ》（座次）について、初めは佐藤吉之丞と連名で、十二月には単独で藩当局に上書を提出している。

その内容は、①学生の座次《ざじ》（席順）は身分の上下に関わらず、長幼の順のみで着席する。②講師は講堂の最上位に座る。③非番の講師は家筋・役目の俸禄の差に関わらず、年数順に着席する、というものであった。

この平等主義という東山の意見は、重臣たちの反感を買うことになり、一七三八年（元文《げんぶん》三）、四十二歳の東山は同僚の佐藤吉之丞とともに処罰を受ける。さらに言上を重ねるも、同僚の高橋玉斎の意見とも対立し、儒教に託して我意を遂げようとする行動は甚《はなは》だ不法である、とされてしまう。

その結果、東山は家族とともに石母田愛之助《いしもだあいのすけ》方へ預けとなって幽閉処分、佐藤吉之丞は東山に従っただけであるからと、禄の半分を没収し、閉門《へいもん》となった。

幽閉中に『無刑録』を完成

一七三八年に加美郡《かみぐん》宮崎（現宮城県加美郡加美町）の石母田家にお預けとなった東山は、この頃から『無刑録』の編纂《へんさん》に取り掛かっている。一七五七年（宝暦《ほうれき》七）までの十八年余は宮崎で、さらにその後四年間は転封先の高清水（現宮城県栗原《くりはら》市）での預かりとなった。

東山が幽閉されて五年目の一七四三年（寛保《かんぽう》元）、六十四歳の藩主伊達吉村は

▼上書（じょうしょ） 意見書を書いて官または貴人に書状を差し出すこと。

▼家筋（いえすじ） 家の血筋。家系。

▼役目（やくめ） 役として務めなければならないこと。つとめ。

▼俸禄（ほうろく） 職務に対する報酬。米または銭。扶持（扶持）。

▼処罰（しょばつ） 罪を与えること。

▼幽閉（ゆうへい） 他の人と会わないように閉じ込められること。

『無刑録』（『仙台市史　近世』より）

隠居するに当たって、次の藩主となる息子宗村《むねむら》にあて藩政についての意見を伝えている。芦東山には何の憎しみもないが、宗村が家督になった祝いに、東山の恩赦を願い出る者がいるだろうが、決して許してはならない旨を記している。

七代藩主伊達重村の治世になった一七五七年（宝暦《ほうれき》七）、石母田氏は高清水に領地替えとなり、それに伴って六十二歳を迎えた東山の幽閉先《ゆうへいさき》も移ることになる。

二十年以上に及ぶ幽閉生活の中で完成したのが、東山の大著『無刑録』であった。若い頃出会った室鳩巣の仕事を引き継ぎ、生涯をかけた『無刑録』は、中国歴代の刑法思想について、その移り変わりを紹介しながら東山が論評を加えたものである。明治時代になって評価され、一八七七年（明治十）、元老院より刊行された。鳩巣の意思を受け継いでから百年以上を経て、ようやく日の目をみたことになる。

『無刑録』の考えは、根本を「刑に先立つものは教えであり、刑の目的は無刑

▼石母田家（いしもだけ）
仙台藩の有力家臣。一家。五千石。一門（十一家）に次ぐ一家（十七家）は、古くからの家格。一家では片倉家（一万八千石）に次ぐ家。

▼転封（てんぽう）
知行地（ちぎょうち）、所領を別の場所に移すこと。国替（くにがえ）、移封（いほう）とほぼ同義。史料上は「国替」（くにがえ）。

▼隠居（いんきょ）
仕事を捨てて閑居すること。職を辞めるなど世間から身を引いて気ままに暮らすこと。

▼家督（かとく）
相続すべき家の跡目。また、跡目を継ぐべき子。嗣子。長子。惣領。

▼伊達重村（だて・しげむら）（一七四二～一七九六）
仙台藩七代藩主。五代藩主伊達吉村の二男として仙台に生まれる。六代宗村が三十九歳で死去したため、十五歳になる重村は後見人の一関藩主田村村高（たむら・むらたか）付きとなり、多難な船出となった。

によって達成する」とする。一七五一年（宝暦《ほうれき》元）六月五日に十五巻の稿本が出来上がり、更に訂正を加えて五年後には十八巻に改めている。

幽閉《ゆうへい》後に故郷へ戻る

東山が石母田家預けを許されたのは、罪を得てから二十三年後の一七六一年（宝暦《ほうれき》十一）三月二十一日であった。故郷の渋民に帰ることが出来た時、東山は六十六歳になっていた。七代藩主伊達重村の婚儀による恩赦であったという。前年、仙台学問所は北一番丁・勾当台通に移され、東山が構想した学問所建設への第一歩を踏み出している。

浪人となって郷里の渋民に戻った東山の家の前は、毎日のように訪問客でいっぱいになった。学問を学びたいという人には、分け隔てなく教えた。病人に対しては、薬草を調合して与えるなど多忙な毎日を送っていた。東山はここでも自らの生き方を貫き通し、一七七七年（安永《あんえい》六）、八十一歳の生涯を終えた。

▼元老院（げんろういん）
明治初年、政府部内の立法院。法律案の議定、立法に関する建白をつかさどった。一八七五年（明治八）正院に代わって設置。一八九〇年に国会開設に先立って廃止。

▼稿本（こうほん）
下書きの本。著述の草稿。草稿本。

▼恩赦（おんしゃ）
行政権によって犯罪者に対して刑罰権の全部または一部を消滅させる処分。多くは国家的慶事の際に行われる。現行では大赦・特赦・減刑・刑の執行免除・復権の五種。

▼北一番丁・勾当台通（きたいちばんちょう・こうとうだいどおり）
現在の仙台市青葉区本町三丁目の宮城県議会庁舎附近。

▼芦東山記念館（あしとうざんきねんかん）
「原本無刑録」を始め、関係資料を展示、芦東山の生涯と業績を分かりやすく紹介している。〒029-0521岩手県一関市東山町渋民伊勢堂。☎0191（75）3861

芦東山記念館（一関市大東町）

正法寺（奥州市水沢黒石町）

一九八二年（昭和五十七）に、芦家の子孫、芦文八郎氏が私財を投じて大東の生地渋民に「芦東山先生社会館」を開いた。二〇〇七年（平成十九）には、「人間愛と信念の生涯」という言葉を掲げた「芦東山記念館」が開館し、その功績を知ることが出来る。（『仙台藩の学者たち』鵜飼幸子参照）

（「室根の白雪」より
一関市教育委員会刊）

4 川村 孫兵衛（かわむら・まごべい）

日和山から見た中瀬（写真・鈴木開）

石巻市の日和山公園にある
川村孫兵衛像

北上川改修で田園・豊穣《ほうじょう》の地に

川村孫兵衛重吉（かわむら・まごべい・しげよし）は、一五七五年（天正《てんしょう》三）、長門《ながと》（現・山口県）で生まれる。石巻の繁栄は、川村孫兵衛による北上川の付け替え工事なしではありえなかった。石巻の恩人《おんじん》と敬愛《けいあい》される所以《ゆえん》である。

政宗以前の石巻は寂《さび》しい漁村に過ぎなかった。一方、仙北平野（宮城県北部）は複雑に蛇行《だこう》する中小河川がよく氾濫《はんらん》し、米の増産もままならなかった。そこで政宗の命で「川の流れをすっきりさせて石巻に流し、ここを江戸に送る米の集積港《しゅうせきこう》とせよ」と、河川整備による米の増産策《ぞうさんさく》が計画された。

川村孫兵衛はその技量《ぎりょう》を見抜《みぬ》いた政宗に取り立てられ、土木技術や鉱山開発、運河の建設などに当たることになる。孫兵衛重吉は、若い頃は長州藩の毛利家

川村孫兵衛重吉

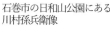

旧北上川（左上）と北上川（手前）の流れ

▼毛利家（もうりけ）
相模国毛利荘を領した鎌倉幕府の御家人・毛利氏の流れで、安芸（あき）国吉田荘に移った中国地方の戦国大名。毛利元就（もとなり）隆元（たかもと）輝元（てるもと）の三代は長州藩の基盤を築いた。

北上川改修の指示をする川村孫兵衛

に仕えていた。しかし、関ヶ原合戦の後、浪人《ろうにん》となっていた。その当時、孫兵衛は仙台藩の国外の飛《と》び地《ち》であった近江《おうみ》領（現在の滋賀県近江八幡市ほか）に滞在していたが、政宗からその才能を見出され、一六〇一年（慶長《けいちょう》六）、二十代半ばで伊達家の家臣となる。

孫兵衛は優秀であったが、毛利輝元《もうりてるもと》家臣の頃はその才能を発揮する機会に恵まれなかった。しかし、孫兵衛は治水工事等の土木工事技術に非常に優れた人物であり、後述の通り、結果的には北上川改修で石巻開港の恩人《おんじん》であり、県北の田園開発、仙台藩を豊穣《ほうじょう》の地として郷土の偉人として記憶に残したい人物である。

新田開発で実質石高《こくだか》増加

孫兵衛の土木技術が発揮《はっき》される時がやって来る。伊達家の家臣となって五年後の一六一六年（慶長《けいちょう》十一）、四十二歳になった孫兵衛は、当時石巻湾に注いでいた江合川《えあいがわ》と迫川《はさまがわ》を合流し、さらに北上川も合わせる三川合流《さんせんごうりゅう》という大事業を政宗から命じられる。追波湾《おっぱわん》へ東流する北上川本流を、波静《なみしず》かな石巻湾に導く大胆な計画が練《ね》られた。分流地（現在の石巻市鹿又《かのまた》）に石組《いしぐ》みを施《ほどこ》し、石巻湾へ七分《しちぶ》、追波湾に三分《さんぶ》の割合で川の流れを分けるというものである。結果的には北上川の治水工事まで行なって、仙台藩の江戸幕府認知の表石高《おもてこくだか》六十二万余、実高《じつだか》（米の生産量推計）百五十万から二百万石に達していたと推計《すいけい》される。（『伊達の国の物語』菅野正道著　参照）

工事は、一六一六年（元和《げんな》二）年から一六二六年（寛永《かんえい》三）まで十年間にわたって実施され、ほとんどが人力と牛馬による気の遠くなるような大事業が成し遂げられた。

幕府が全国の国郡別の石高を調べた「天保郷帳《てんぽうごうちょう》」によると、仙台藩では天保年間に、新田開発分として二十六万石が増加し、江戸期の二百年間弱で約三割

▼関ヶ原合戦（せきがはらかっせん）
一六〇〇年（慶長五）、美濃国関ヶ原（せきがはら）で徳川家康を主将とする東軍が、石田三成を主将とする西軍を破った戦い。この戦いの結果、家康が天下統一を果たし徳川幕府が始まった。

▼治水工事（ちすいこうじ）
河川の氾濫（はんらん）を防ぐ目的で、水の流れを制御すること。

川村孫兵衛の三川合流事業によって大きく姿を変えた宮城県北平野

金華山黄金山神社（石巻市）

▼**廻米（かいまい）** 江戸時代、諸国の年貢米または商人米を大消費地の江戸や大坂に回送すること。

川村孫兵衛

も増産となっている。

県北地域では、特に栗原郡《くりはらぐん》の増加割合が多く、次いで桃生郡《ものうぐん》、登米郡《とめぐん》、遠田郡《とおだぐん》、志田郡《しだぐん》などで新田開発の成果が見られる。さらに孫兵衛らの努力は、近代になってからも継続して報《むく》われるのである。明治後期になると、登米郡では湖沼《こしょう》の干拓工事が進み、点在していた沼地が広大な農地へと姿を変える。米の収穫量は約一千トン以上にも上った。湿地《しっち》や野谷地《のやち》が美田に生まれ変わったのには、川村孫兵衛たちの治水工事があったからこそであるのは間違いない。

〝江戸廻米〟始まる

北上川改修の工事により、陸奥《むつ》北部や江戸の海運も発達した。仙台藩ばかりでなく、南部藩（現在の岩手県中・北部と青森県東部）の城下町盛岡まで、川船の航行が可能になり、迫川《はさまがわ》や江合川《えあいがわ》からも続々と米俵《こめだわら》を山積みした平田船によって石巻に下った。集められた米は、千石船によって直接江戸まで運ばれるようになり、その数量は多い時で、江戸で消費される量の三分の二、少ない時でも三分の一まで及んだ。仙台藩は江戸の台所と揶揄されることもあったという。

石巻湊に集められた米の大部分は、船で江戸へと廻送された。石巻から江戸への廻米《かいまい》に携わった船は「石巻穀船《いしのまきこくぶね》」と呼ばれた、数百石積みの大型和船である。石巻を出た船は、沿岸部を南下し、常陸那珂湊《ひたちなかみなと》（現在の茨城県ひたちなか市）や銚子《ちょうし》（千葉県銚子市）を経て、その後は利根川《とねがわ》などの川運を利用して江戸まで米を運んだ。

江戸廻米《えどかいまい》は、全国から大消費地の江戸へと米を輸送することを指し、輸送方法には陸運や海運双方があった。中でも一度に大量の米を輸送できる舟運がその主流であった。仙台藩では、寛永《かんえい》年間（一六二四～四四）に入る頃から本格化した。

石巻の湊に集う千石船の様子（『仙台藩ものがたり』より）

▼平田船（ひらたぶね）
和船の一種であり、内水面を航行する船の一種。高瀬舟より大きく五大力船より小さい。艜（ひらたぶね）・平駄船・比良太舟等とも書かれる。

▼千石船（せんごくぶね）
江戸時代、米を千石ほど積載できたという大型の和船。帆二十一～二十五反であった。千石積。

▼揶揄（やゆ）
からかうこと。からかい。

廻米には約束事があり、庫入地より搬出《はんしゅつ》された米は、代官が直接船頭に渡すこと、一俵は五斗二升と精選《せいせん》すべきことなどが決まっていた。仙台近辺の米は、石巻に集められた米と同様に、蒲生《がもう》・閖上《ゆりあげ》・塩竈《しおがま》・荒浜《あらはま》などの湊から常陸《ひたち》の那珂湊《なかみなと》、利根川河口の銚子《ちょうし》経由で江戸までに廻送《かいそう》された。江戸廻米は、農民から年貢として徴収した米が中心であったが、藩の家臣が出した米も一部含まれていた。仙台藩は地方地行政で家臣に知行地を与えていたので、家臣は知行地からの年貢のうち、飯米など必要な分を除いた米を江戸廻送に回していた。さらに、年貢米徴収後の余剰米《よじょうまい》を農民から強制的に買い付ける買米制度もあり、ともに藩の財政を支えていた。

仙台藩の財政を背負った米。それを一大消費地の江戸まで運んだのが千石船。その賑わいぶりが伝わってくる。湊を百隻の船が埋め尽くし、一攫千金《いっかくせんきん》を夢見る船乗りたちが全国から集まってきた。石巻の繁栄は、川村孫兵衛による北上川の付け替え工事なしではあり得なかった。石巻の恩人と敬愛される所以《ゆえん》である。

石巻市の日和山公園

▼庫入地（くらいりち）
室町末期以降の領主の直轄領。御蔵入（おくらいり）、台所入、天領などともいう。

▼知行地（ちぎょうち）
領主によって支配された土地やその土地に住む人民を指す。権力者が報奨（ほうしょう）として土地を与えることに用いられ、領土や領有関係を示す。

▼買米制度（かいまいせいど）
江戸時代に東北地方の諸藩で行なわれた政策。藩が領内の農民から年貢や食用以外の余剰米を全て買い上げて、江戸など他国の市場で売却して収益を得ること。

5　大槻　平泉（おおつき・へいせん）

一関の平泉　養賢堂学頭に

大槻平泉（おおつき・へいせん）。一七七六年（安永《あんえい》二）〜一八五〇年（嘉永《かえい》三）。陸奥国磐井郡中里村《いわいぐんなかさとむら》（現・岩手県一関市）の大肝煎の家に生まれる。平泉《へいせん》は号で、通称は民治、本名は清準《きよのり》。

幼い頃は博覧強記の学者として著名な志村東嶼《しむらとうしょ》（時恭《ときやす》）に学び、次いで江戸に出て大学頭林述斎《だいがくとうはやしじゅつさい》の門人となり、昌平坂学問所（昌平黌《しょうへいこう》）に入学して朱子学を学ぶ。その後、諸国を遊歴《ゆうれき》して各地の学者と交流して見聞《けんぶん》を広め、一八〇六年（文化三）三月に仙台藩に儒官《じゅかん》として召し抱えられた。藩主政千代に対する講釈始の講師や、政千代の弟で、後に十代藩主・斉宗《なりむね》となる徳三郎の学問相手などを務め、一八〇八年（同五）十月に仙台に下ってからは、藩校の養賢堂

大槻　平泉

養賢堂表門（明治維新後に若林区南鍛冶町の泰心院に移築された）

▼大肝入・大肝煎（おおきもいり）

氏官の命を受け、管内各町役場や村の肝入・検断を支配し、行政・司法・警察などの管理に任ずる役人。地方の有力者から仙人される。

▼朱子学（しゅしがく）

中国・南宋の朱熹（一一三〇〜一二〇〇）によって構築された儒教の新しい学問体系。

▼養賢堂（ようけんどう）
藩を担う優秀な人材育成のため、仙台藩の儒学者高橋玉斎が五代藩主吉村に上書して採択され開校。七代重村によって整備拡充され、東北随一の藩校として発展した。

宮城県庁門前図（「宮城県の歴史散歩」より）

養賢堂跡地の碑（宮城県庁敷地内）

▼林述斎（はやし・じゅさい）（一七六八〜一八四一）
江戸後期の幕臣の儒官。和漢の典籍に通暁。二六歳で幕府の命により林家を継ぎ、聖堂などを管理。林家の中興と称された。

（現宮城県庁の場所）で講釈を行なっていた。

一八〇九年十月、田辺楽斎（匡勅）が仙台藩の藩校、養賢堂学頭職を退き、代わって大槻平泉が「学頭御用」を当分務めるよう、九代藩主政千代（周宗《ちかむね》）より命じられる。

養賢堂学頭を務めることになった平泉は、さらに政千代より学制の改革構想をまとめるよう命じられる。そこで、それを作成して同年十一月に上申した。翌年一月、大学頭《だいがくとう》林述斎に相談するよう申し付けられる。四月、江戸に上り、「改革構想十八ヶ条」を述斎に見せて批判を仰いだ。述斎はそれに意見を付して、政千代の後見役《こうけんやく》である幕府若年寄の堀田正敦《ほったまさあつ》（仙台藩六代藩主宗村の八男）に伺った。正敦《まさあつ》はそれに賛同し、その旨を記した書を添えて平泉に改革案を返却したので、平泉は国元へ帰り、正敦の書と一緒に奉行衆に提出した。復命した平泉は、その後正式に養賢堂学頭に任命されている。三十八歳であった。

▼若年寄（わかどしより） 江戸幕府の職名。老中に次ぐ重職で、将軍に直属し、老中支配以外の書役人、特に旗本・御家人を統括した。

養賢堂の様子が詳細に記された諸生の日記

『訂正五易』等養賢堂で出版した儒学関係の本

養賢堂施設の拡充

大槻平泉は、一八五〇年（嘉永《かえい》三）に歿《ぼっ》するまで、四十年近くも養賢堂学頭職に在任し、財政基盤の確立、施設の整備拡充、学制改革に努めた。

また、財政基盤を強固にするための方策として、一八一一年（文化《ぶんか》八）、新田開発高一万二千石を「学田《がくでん》」として設定し、そこからの年貢収入を養賢堂の運営費に組み入れるようにした。

また、出版や硝石《しょうせき》（火薬の原料）製造、機織《はたお》りなどの事業も始めた。養賢堂の財政はこうした学田経営や諸事業、それに有志による献金によって賄《まかな》い、独立採算を実現した。生徒からの入学料や謝金《しゃきん》の徴収《ちょうしゅう》もしなかったという。

そして一八一二年（同九）と一八一四年の二度にわたり、養賢堂周辺の屋敷を召し上げて敷地を拡張し、諸施設を順次建設していった。医学部は独立の施設として百騎丁《ひゃっきちょう》（東二番丁、現在の仙台市青葉区一番町四丁目付近）に一八一五年に起工。養賢堂の敷地内では中心施設の講堂がほぼ二年近い歳月をかけて一八一七年に完成した。表門《おもてもん》はそれ以前に竣工し、勾当台通表小路《こうとうだいどおりおもてこうじ》（宮城県議会庁舎辺り）に面した堂々たる構えは当時の人たちを驚かせたといわれる。

このほか、学頭居宅（仙台市役所近辺）、学寮（寄宿舎）、蘭学《らんがく》・ロシア学の「和解《わげ》（翻訳《ほんやく》）方」の部屋なども漸次《ぜんじ》建設され、最後に孔子を祀《まつ》る聖廟《せいびょう》が一八二三年（文政六《ぶんせい》）落成し、養賢堂の拡張工事は完成をみた。

総合学園化と医学館の創設

大槻平泉は、教育内容については儒学と礼を基本に据えて、余力があれば他の学問も広く学ばせることを方針としていた。儒学は以前より養賢堂における教育の中心であったが、指南役の間で学説の対立があり、養賢堂不振の一因を成していた。仙台藩の儒学は山崎闇斎の学説を引く学派が主流をなし、荻生徂

▼孔子（こうし）（紀元前五五一～同四七九）
春秋時代の中国の思想家、哲学者。儒家の始祖。

▼山崎闇斎（やまざき・あんさい）（一六一九～八二）
江戸前期の儒者、神道家。字は敬義、名は嘉、通称嘉右衛門。闇斎は号。別号垂加（すいか）。

▼荻生徂徠（おぎゅう・そらい）（一六六六～一七二八）
江戸中期の儒学者。幼名は双松（なべまつ）、字（あざな）は茂卿（もけい）、通称は惣右衛門（そうえもん）、号が徂徠。

ラランデの『天文学』オランダ語版

▼昌平坂学問所（しょうへいざかがくもんじょ）
昌平黌（しょうへいこう）。幕府直轄の学問所。主に旗本・御家人の子弟を教育した。

『仙台年中行事絵巻』にある医学校の様子

『養賢堂諸生鑑』明治初期の養賢堂の様子

徠の学問の影響を受けた学派も存在したが、幕府の昌平坂学問所に学んだ平泉は、寛政異学《かんせいいがく》の禁に従い、朱子学《しゅしがく》に統一した。

一八一一年（文化八）、書学《しょがく》（習字）・算法（算術）・礼方《れいほう》（諸礼の方式）の三学科が新設された。藩校で算術教育を設けたのは、当時珍しかった。武士、とりわけ上級武士にとって、算術は商人や百姓の学ぶものであり、算盤勘定《そろばんかんじょう》は徳を失わせる小人の技《わざ》と見做《みな》されていた。幕府や諸藩には会計を担当する勘定所《かんじょうしょ》という部局があったにも関わらず、算術《さんじゅつ》教育には不熱心で、その能力を備えた人材が不足がちだったのである。勘定奉行の役人に商人や百姓の家の出身者が登用《とうよう》されることが多かったのもそのためだった。

一八一二年（文化九《ぶんか》）には、兵学・槍術《そうじゅつ》・剣術《けんじゅつ》の三学科が設置された。武士たる者は文武を兼備しなければならないという理念もあるが、文化四年にロシアが樺太《からふと》と千島列島《ちしまれっとう》の択捉島《えとろふとう》を襲撃《しゅうげき》するという大事件が発生し、国防が急務になってきたからである。

▼**大槻習斎（おおつき・しゅうさい）**（一八一一～六五）
幕末の儒者。大槻平泉の長男。昌平黌で古賀侗庵にまなんだ。嘉永三年父の跡をつぎ仙台藩校養賢堂学頭となる。

▼**渡辺道可（わたなべ・どうか）**（一七七二～一八二四）
江戸時代後期の医師。仙台藩医。渡辺道甫（どうほ）の養子となり、その跡を継ぐ。

一八五〇年（天保《てんぽう》元）六月に学頭に就任した大槻習斎（平泉の子）は、洋学研究・教育の拡充を図り、蘭学局を設け、ロシア学を講じる洋学科を新設した。この頃、養賢堂は漢学・国語・書学・算法・礼方《れいほう》・兵学・蘭学《らんがく》・洋学・剣術《けんじゅつ》・槍術《そうじゅつ》・柔術《じゅうじゅつ》・楽の十二学科を備え、多様な分野を網羅する総合学園に発展していた。

仙台藩は医学教育にも早くから着手していた。平泉は学頭に就任するに当たり、医学教育部門を独立させて医学館を設け、施薬所と薬園も付置《ふち》した。一八一七年（文化《ぶんか》十四）に完成し、初代講師（学頭）に渡辺道可が就任した。近世末にはオランダ医学（蘭方《らんぽう》）を中心とする西洋医学も採用されるようになり、その先駆《せんく》を成したのが、仙台藩の医学校である。

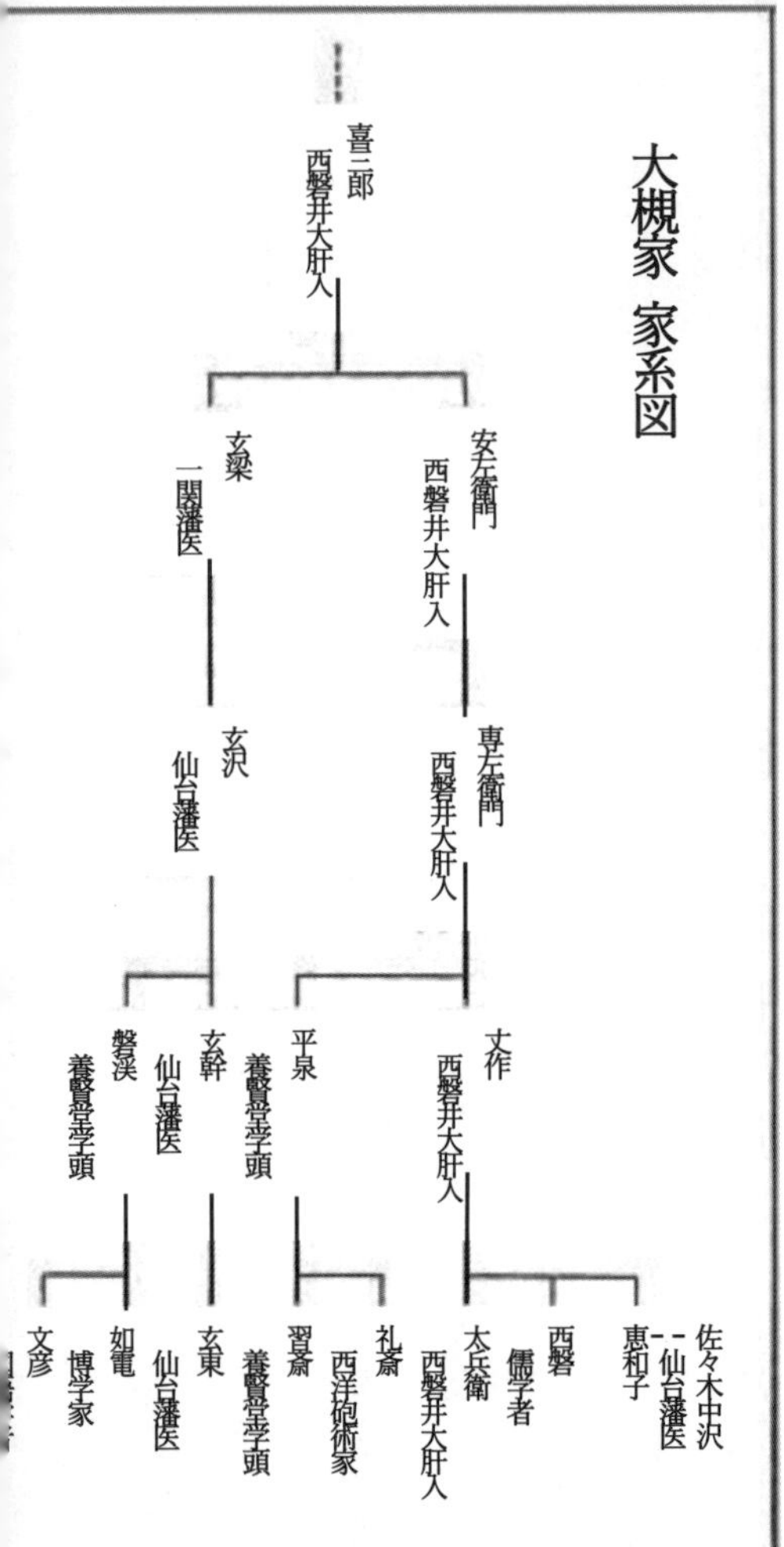

6 志賀 潔（しが・きよし）

赤痢菌の発見者、人を救う

志賀 潔

志賀潔（しが・きよし）。一八七〇（明治三）〜一九五七年（昭和三十二）。仙台市東七番丁に生まれる。明治から昭和にかけての細菌学者。仙台藩士佐藤信の子。のち母の生家志賀家の養子となる。潔の祖父・志賀理節《しがりせつ》は、金ケ崎邑《かねがさきむら》（現在の岩手県胆沢郡金ケ崎町）主・大町因幡が仙台に招いた医臣《いしん》で、医術の奥義《おうぎ》を極《きわ》め、伊達家十三代・慶邦《よしくに》の侍医《じい》に推挙《すいきょ》された。

志賀潔の赤痢菌発見は、大ニュースとなって瞬く間に世界中に流された。一八九七年（明治三十）頃、世界各地で赤痢菌が大流行し、数十万人が死亡。志賀の発見は、赤痢の恐怖にさらされていた多くの命を救うことになった。志賀が二十六歳の時である。さらに世界に通用する化学療法研究を成し遂げ、医学界の先駆者となった。志賀は赤痢菌発見のみならず、チフス、コレラの治療法、結核の

研究中の志賀潔（北里研究所蔵）

▼大町因幡（おおまち・いなば）
大町因幡は仙台藩の家老を務めた重臣で、家格は一族三千石拝領。

▼赤痢菌（せきりきん）
ヒトの細菌性赤痢を起こす病原体。一八九七年に志賀潔が発見したA型（志賀菌）をはじめ、B型（フレキシナー菌）、C型（ボイド菌）、D型（ゾンネ菌）の四種類がある。

化学療法とBCGによる結核予防、発疹《はっしん》チフス、ハンセン病研究に生涯をかけて取り組み、大きな成果を残した。

北里柴三郎博士門下に

志賀潔は内気な性格だったといい、病気の根源《こんげん》を突き止める医者になりたいと決心し、十六歳で上京。旧制一高から東京帝国大学医科大学（現東京大学医学部）に進んで細菌学を専攻した。北里柴三郎博士のペスト菌発見の報告演説会を聞いて、「北里博士こそ生涯の師である」と心に決め、師事した。

一八九六年（明治二十九）、潔は次席で東京帝大の医学部を卒業し、「伝染病研究所」に入る。そこの所長が北里博士であった。潔は北里所長から細菌学と免疫学の実地指導を受ける。北里博士はこの時既に破傷風《はしょうふう》の治療法を確立、世界的な細菌学者として知られていた。その数年前、福沢諭吉が「優れた学者を無為《むい》に置いておくのは国辱《こくじょく》である」として私財を投じて研究所を設立した。志

▼チフス
チフス、チブスとも言う。腸チフスの通称。

▼コレラ
コレラ菌の経口感染による急性腸管感染症。強い脱水症状により、チアノーゼ、血圧低下、虚脱（きょだつ）、筋の疼痛（とうつう）痙攣（けいれん）が起き、死に至る。

▼結核（けっかく）
結核菌によって起こされた小さな結節状の病変。結核症または肺結核の略。

▼北里柴三郎（きたさと・しばさぶろう）（一八五二〜一九三一）
細菌（さいきん）学者。肥後（ひご）（熊本県）生まれ。ドイツに留学、コッホに師事して破傷風菌（はしょうふうきん）の純粋培養に成功。その毒素を証明し、また、ベーリングとともに血清療法を開発した。伝染病研究所所長。のち、北里研究所を開設。

▼細菌学（さいきんがく）
細菌の種類及び性質を研究する学問。パスツール、コッホなどによって発達し、医学・農学方面に応用。

賀の二年後に野口英世が研究所に入ってきた。無口だった野口は、同じ東北出身という気安さからか、志賀の下宿を訪ねて来るようになる。

一八九七年（同三十）の夏、国内でも赤痢が猛威《もうい》を振るい、患者数九万人、死者は二万二千人に達した。北里は赤痢の治療法を確立するため、入所二年目の志賀に、赤痢の原因菌究明を任せることにした。重責《じゅうせき》を担うことになった志賀は、北里の期待に応えるべく、下宿を引き払い、研究所の片隅に寝床をつくって徹夜で研究に打ち込むようになる。

慶応大学教授、京城帝大総長に

試行錯誤《しこうさくご》の末、赤痢で入院した患者の便から本来体内にない菌が見つかった。しかし、原因菌を特定するための手を変え実験を何度繰り返しても結果は出ず、迷路の中を進むような作業が続く。

冬を迎えた頃、患者の血清に特異な反応をする菌を選別するというアイデア

▼免疫学（めんえきがく）
免疫現象を研究する学問。ジェンナーの種痘法、パスツールの炭疽・鶏コレラ予防の研究を先駆として、生物学的・化学的に広汎に発達した。

▼福沢諭吉（ふくざわ・ゆきち）（一八三四〜一九〇一）
近代日本を代表する啓蒙思想家（けいもうしそうか）。慶応義塾の創設者。幕府遣欧使節団に随行。帰国後、幕臣（外国奉行翻訳方）となる。渡米中のことで謹慎処分を受け、幕府に絶望。家塾を慶應義塾と改め、幕臣を辞した。出版事業にも意欲を見せ、西洋を紹介する書籍を次々に刊行。『学問のすすめ』など著書多数。

赤痢研究所を視察に来た野口英世（左）と志賀潔

がひらめいた。まず、赤痢菌と思われる菌を培養基に入れて菌を育てる。すると、培養基のすべてが血清とのみ特殊な免疫反応を示すことを突き止めたのである。正体のつかめなかった赤痢菌がようやく判明した瞬間だった。

十二月、日本細菌学会の雑誌に初めて赤痢菌発見の報告をし、翌明治三十一年にドイツの医学誌に要約論文を発表した。これが世界の学会で認められ、学名は志賀の名を取り、「Shigella」（シゲラ）と名付けられた。こうして、赤痢菌研究の基礎が確立された。

志賀は赤痢菌の免疫血清を広く患者の治療に応用し、さらに副作用を軽減したワクチンの成功にも成功する。その陰には反応を探るため〝過激な自家実験〟もあったという。殺菌した赤痢死菌をワクチンとして自分の背中に接種したところ、十日間も苦しんだ経験もあり、その瘢痕は生涯消えることがなかったという。

志賀は、一九〇一年からドイツのエールリッヒ研究所に留学して、アフリカの風土病である睡眠病の治療薬を発見し、その化学療法を世界で初めて実用化し

▼野口英世（のぐち・ひでよ）（一八七六～一九二八）
明治から昭和にかけての細菌学者。福島県生まれ。一九一一年に梅毒スピロヘータの純粋培養に成功し、一九一三年には進行麻痺（まひ）、脊髄癆（せきずいろう）が梅毒スピロヘータに起因することを実証した。これにより同年、帝国学士院賞恩賜賞を受賞。一九一八年、南米エクアドルで流行中の黄熱病（おうねつびょう）を発見。一九二三年、西南アフリカの黄熱病発見に際し、ガーナに渡り、研究中に感染して現地で死去。

▼血清（けっせい）
血液が凝固する時に血餅（けっぺい）から分離する黄白色透明の液体。

▼培養基（ばいようき）
微生物、動物組織などを、栄養・温度などの外部条件を制御（せいぎょ）しながら人工的に発育・増殖させること。

▼瘢痕（はんこん）
皮膚面の腫物（はれもの）や傷などが治癒（ちゆ）した後に残る痕（あと）。

た。さらに、結核などの病原体の研究で化学療法の先駆者としても活躍する。

志賀は三年後の一九〇四年に帰国、新設した北里研究所の研究部長に迎えられた。一九二〇年（大正九）、慶應義塾大学医学部の細菌学教授になって間もなく、日本統治下の朝鮮に渡り、朝鮮総統府医院長、京城帝国大学総長を歴任、以後十一年間にわたって朝鮮の医学教育や医療行政に深く関わった。また、当地で蔓延《まんえん》していたハンセン病の治療にも携わり、大きな業績を挙げている。

文化勲章受章、仙台市名誉市民

一九二四年（大正十三）、フランスに赴いた志賀は、パスツール研究所から直直接ＢＣＧ菌の株を譲り受け、日本に持ち帰って北里研究所での継代培養に着手した。一九四二年（昭和十七）、その株によって日本でもＢＣＧの集団接種が始まり、今でも使われ続けている。この株は生菌の割合が高い優良株で、結核の予防効果ばかりでなく、らい菌にも予防効果が認められている。

▼北里研究所（きたさとけんきゅうじょ）
細菌学者の北里柴三郎博士が開設した研究所。

▼京城帝国大学（けいじょうていこくだいがく）
旧帝国大学の一つ。一九二四年（大正十三）に京城（現在の韓国ソウル特別市）に開設された。一九四五年（昭和二十）日本の敗戦により廃止。

▼パスツール
フランスの化学者。細菌学者。酒石酸（しゅせきさん）の絶光や発酵の研究を行ない、乳酸や腐敗が微生物によって起こることを明らかにし、自然発生説を否定した。また、低温殺菌法を考案。炭疽菌（たんそきん）や狂犬病のワクチンを開発した。

▼ＢＣＧ
結核菌を継体弱毒化したワクチン。ツベルクリン反応陰性者に、結核予防のために接種される。

▼本多光太郎（ほんだ・こうたろう）
（一八七〇〜一九五四）
日本の物理学者、金属工学者。磁性鋼であるＫＳ鋼、新ＫＳ鋼の発明者として知られる。文化勲章受章。文化功労者。

志賀潔（左）と土井晩翠

▼土井晩翠（どい・ばんすい）（一八七一～一九五二）
詩人。英文学者。東京音楽学校編「中学唱歌」のために「荒城の月」を作詞。高山樗牛（たかやま・ちょぎゅう）の協力で処女詩集『天地有情（てんちうじょう）』を刊行。文化勲章受章。

志賀潔の胸像
（仙台市の勾当台公園）

一九二九年（昭和四）京城帝国大学総長。一九四四年（同十九）には文化勲章を受章。そして一九四九年（同二十四）、本多光太郎・土井晩翠と共に三名が仙台市名誉市民の称号を贈られた（第一回目）。

志賀は妻と長男に先立たれ、さらに一九四五年（同二十）には東京大空襲で東京青山の自宅が焼失し、郷里の仙台に疎開した。その後、宮城県最南端にある亘理郡坂元村磯浜（現山元町）の別荘・貴洋翠荘の二男宅に移り、穏やかな自然の中で回想録を執筆したり、海岸を散策したりして静かで清貧な余生を過ごした。

最近、志賀潔の業績を伝える石碑が孫の直史氏（川崎市在住）らによって磯浜の住居跡に建立され、令和三年九月に除幕式が行われた。河北新報に掲載された記事によると、お披露目で現地を訪れた直史氏は「コロナという感染症が蔓延する時期と重なったことに因縁を感じ、感慨深い」と話す。

志賀は終生、北里を師として尊び、人を救う研究に打ち込んで人生を全うし、一九五七年（同三十二）この地で永眠した。享年八十九歳。

7 佐藤 基（さとう・はしめ）

明治時代の東北帝国大学医学部附属病院の様子（仙台市の北四番丁）

佐藤が生まれた坂津田地区の風景

佐藤　基

医師を目指し東北帝大へ

佐藤基（さとう・はしめ）は、一八九四年（明治二十七）、宮城県伊具郡《いぐぐん》東根村坂津田（現角田《かくだ》市坂津田）で生まれる。小さい頃から勉強に熱心で、医者になって病気で苦しむたくさんの人を助けたいという夢をかなえるため、一九一二年（大正元）、旧制角田中（現角田高校）から旧制二高（現東北大学）に進学する。当時、宮城県南の東根村から旧制高校に進学した人は初めてで、大変な話題となり、村中の期待を背負っていた。

その後、東北帝国大学医科大学（後の東北大学医学部）に進学。卒業と同時に医師免許を取得した佐藤は、ついに念願だった医師として第一歩を踏《ふ》み出す。

▼糖尿病（とうにょうびょう）

血液中のブドウ糖濃度の持続的な上昇により、口渇（こうかつ）・多尿（たにょう）・体重減少などの合併症(がっぺいしょう)を随伴(ずいはん)し、死に至ることもある。インスリンの欠乏（けつぼう）・作用疎外があり、糖・蛋白(たんぱく)の脂質の代謝異常(たいしゃいじょう)を伴い、網膜症（もうまくしょう）・腎症・動脈硬化（どうみゃくこうか）を併発しやすい。インスリン伝存性（Ⅰ型）とインスリン非伝存性（Ⅱ型）があり、前者は発症が急で症状が重く、インスリンの投与が必要となる。後者は経過が緩慢（かんまん）で、必ずしもインスリン投与を必要としない。

▼インスリン

膵臓（すいぞう）のランゲルハンス島（膵臓に存在する内分泌腺）から分泌されるホルモンの一種。体内で糖を分解し、血糖値(けっとうち)を減少させる。抽出（ちゅうしゅう）・精製（せいせい）されたものは糖尿病の治療薬となる。

医学を学んでいた大学には病院が併設《へいせつ》されていたので、そこで助手として、後に同大総長となった熊谷岱蔵《たいぞう》と研究に打ち込むようになる。

医学部助手としての佐藤にとっては、とてもやりがいのある日々だった。しかし、患者が病気に苦しむ姿や治療の甲斐なく死に直面する姿を見るたびに、自分の無力さを感じることもしばしばあった。そこで仕事熱心な佐藤は、同じ病院に勤務していた医師、熊谷のチームに入り、患者の診察が終わった後も夜遅《おそ》くまで研究に打ち込んだ。そして、新しい治療方法や薬を自分たちが発見することが、苦しんでいる患者を救うための一番の近道だと考えるようになった。

佐藤たちが一番力を入れていたのが、糖尿病についての研究だった。

世界で初めてインスリンを発見

糖尿病は、体に症状が現れるまでは気づきにくく、病院で診察を受けた時は病気がかなり進行している患者も多い。ひどい時には足を切断しなければなら

▼膵臓（すいぞう）

消化腺（しょうかせん）の一つ。胃の後ろ側に横に伸び、後腹壁（こうふくへき）に位置する。舌状（ぜつじょう）で細長い帯灰黄色の臓器（ぞうき）。膵液（すいえき）を分泌し、膵管（すいかん）によってこれを十二指腸（じゅうにしちょう）に送る。また、内分泌腺（ないぶんぴつせん）としての機能を持ち、血糖の量を調節する。

▼ホルモン

内分泌腺など特定の組織または器官から分泌され、血液とともに体内を循環し、特定の組織の機能に極めて微量で、一定の変化を与える物質の総称。

▼血糖値（けっとうち）

血液中のブドウ糖の濃度。正常値は空腹時の血液1デシリットル当たり、七〇〜一一〇ミリグラム。

研究の様子（イメージ）

なかったり、目が見えなくなったりしてしまうほど重い病気だ。その当時は、治療の方法がなかったため、医師は糖尿病患者に対して何も治療が出来なかった。佐藤は、そんな糖尿病で苦しんでいる患者と向き合う度に、何とか助ける方法はないかと心を痛《いた》めていた。

昼も夜も患者のことを考え、診察や糖尿病の研究に打ち込んできた佐藤だったが、肉体的にも精神的にも疲《つか》れ、心に迷《まよ》いが生じていた。

しかし、そんな時、佐藤の頭に浮かんだのは、糖尿病で苦しむ患者の姿だった。自分が医師として救えなかった多くの命への無念《むねん》さが、佐藤の胸にこみ上げてきた。「弱気になってはいけない。患者のために研究を続けていかなければいかない」。

こんなことから、佐藤はそれまで以上に熱心に研究に励《はげ》むようになった。そして、一九二一年（大正十）、ついに佐藤の所属する研究チームが、糖尿病の治療と関わりのあるホルモンの一つ、インスリンという成分を発見する。インスリンは膵臓から分泌され、血糖値を下げる働きがある。インスリンの発見は、世界で初めての偉業だった。その後、インスリンは多くの糖尿病患者を救う治療薬となった。

ノーベル医学・生理学賞にあと一歩

それまで糖尿病には有効な薬がなかったため、インスリンの発見はノーベル賞級の大発見であることは間違いなかった。インスリンの発見に日本の医学界は大喜びし、佐藤たちの業績はノーベル賞にふさわしいものだとして、関係者は佐藤のノーベル生理学・医学賞受賞に向けた手続きに取り掛かった。

しかし、ちょうど同じ時期にカナダの医師バンディングもインスリンを発見し、一足早く手続きを済《す》ませていたため、ノーベル賞はバンディングの手に渡ってしまう。佐藤の周囲の人々は、ノーベル賞を逃《のが》したことを大層悔《くや》しがったが、佐藤は平常心でいつものように患者と向き合い、淡々と診察を続けるのだ

▼ノーベル賞

ダイナマイトの発明者として知られるアルフレッド・ノーベルの遺言に従って、一九〇一年（明治三十四）から始まった世界的な賞。物理学・化学・生物学・医学・文学・平和の六部門、および哲学の分野で顕著な功績を残した人物に贈られる。

▼ノーベル生理学・医学賞（ノーベル・せいりがく・いがくしょう）

ノーベル賞の六部門の一つ。「生理学および医学の分野で最も重要な発見を行なった」人物に与えられる。

日本人の受賞者では、○利根川進氏（1987年、多様な抗体を生成する遺伝的原理の解明）、○山中伸弥氏（2012年、様々な細胞に成長できる能力を持つ iPS 細胞の作製）、○大村智氏（2015年、線虫の寄生によって引き起こされる感染症に対する新たな治療法に関する発見）、○大隅良典氏（2016年、オートファジーの仕組みの解明）、○本庶佑氏（2018年、免疫チェックポイント阻害因子の発見とがん治療への応用）の五人が受章している。（カッコ内は受賞年と受賞理由）

八木山に移転前の仙台赤十字病院

1924年（大正14）に開所した日本赤十字社宮城県支部仙台診療所

った。

仙台赤十字病院を開設

佐藤は、一九二四年（大正十四）、日本赤十字社宮城県支部仙台診療所（現仙台赤十字病院の前身、桃生郡前谷地《ものうぐんまえやち》〈現・石巻市河南町〉の大地主・斎藤善《さいとうぜん》右衛門《えもん》の寄付で建設）の所長に就任した。現在の宮城県庁北隣（北一番丁）にある宮城県自治会館（青葉区上杉一丁目）の場所である。

一九四三年（昭和十八）に仙台赤十字病院と改称したが、一九四五年（同二十）七月の仙台空襲で焼失《しょうしつ》した。仙台赤十字病院は、移転を繰り返した後の一九五六年（同三十一）、清水小路《しみずこうじ》（現在の青葉区五橋二丁目、仙台市福祉プラザの場所）に十の診療科を備える新病院を完成させた。戦後の混乱が続く中、佐藤は用地取得にかなり苦労したという。

病院は一九八二年（同五十七）に現在地の太白区八木山本町に移るまで、昭和の仙台の医療を支えた。医師として患者の側に寄り添い続けた佐藤の力で、多くの患者が救われ、笑顔になった。

佐藤の哲学は、〝医術〟に勝《まさ》る〝人術〟と言えよう。

佐藤は、内科医として三十年以上も病院に勤務した。病院と共に地域に長く貢献してきた背景には「医師も職員も互いに尊重し合う雰囲気」があったのは間違いないだろう。まさに〝人術〟であった。佐藤は院長をしながら、往診に出向くことも度々あったという。「貧しい患者と向き合い、謝礼《しゃれい》を渡されても座布団の下にそっと置いて帰ったこともあったという。

一方、佐藤は郷里の東根村《ひがしねむら》（現角田市）にも、病に苦しむ人があれば、仙台から診察に駆け付けたことも何度かあるという。故郷の風景を自分の原点として胸に刻んでいたに違いない。

一九六八年（昭和四十二）に死去。享年七十五歳。

▼仙台空襲（せんだいくうしゅう）

一九四五年（昭和二〇）七月一〇日朝、米軍のB 29 爆撃機が仙台上空に飛来し、焼夷弾（しょういだん）を投下。仙台市中心部の約二割が焦土と化した。被害個数一万九百三十三戸、犠牲者千六十四人。当時、宮城県庁裏にあった日赤病院も焼失した。

焼夷弾は、木造家屋が多い日本特有の都市事情を勘案し、建物を焼き払う目的で、燃やす薬剤を入れた投下弾を航空機から大量にばらまく攻撃方法。日本の都市の多くがこの焼夷弾攻撃によって焼失した。

現在の仙台赤十字病院（写真・著者）

8 千葉 卓三郎（ちば・たくさぶろう）

放浪の求道者

千葉　卓三郎

千葉卓三郎（ちば・たくさぶろう）は、一八五二年（嘉永《かえい》五）、陸前国栗原郡《りくぜんこくくりはらぐん》刈敷邑《かりしきむら》（現・宮城県栗原市志波姫《しわひめ》）に、仙台藩の下級武士である千葉宅之丞の外腹（長男）として生まれたが、実母は卓三郎が三歳の時に去り、義母に育てられる。十一歳で仙台藩校・養賢堂にて大槻磐渓に師事する。

一八六八年（明治元）、十六歳になった時に戊辰戦争が勃発。仙台藩士として出征、白河口の戦いに参加するも敗戦を経験する。その失意から、地元のハリストス正教の祈祷所で教えを受け、一八七一年（同二）に上京。神田駿河台《かんだするがだい》のニコライ（日本大主教）より学ぶ。その後、千葉は思想や学問の場を転々とした。

一八七二年、地元の水沢県（現在の宮城県北部と岩手県南部）が設けられ、後の金成《かんなり》ハリストス正教会（現在の栗原市）の祈祷所にて洗礼を受けるが、一八

▼外腹（ほかばら）
正妻でない女性から生まれること。またはその子ども。

▼養賢堂（ようけんどう）
一七三六年（元文元）仙台藩五代藩主・伊達吉村の時に北三番丁と細横丁の西南角に開設。七代藩主重村によって整備・拡張された。大槻平泉は四〇年近くも学頭の職にあり、勾当台公園表小路に敷地二町歩、建物五六七坪、二二五室の広大な藩校を整備した。

千葉卓三郎の生誕地（宮城県栗原市志波姫伊豆野）

七四年（同七）に神仏不敬罪で服役する。

一八七五年、ニコライのもとを去り、師事する安井息軒も間もなく亡くなってしまう。各地で師事する先を探す遍歴《へんれき》の過程で、医学・数学・ロシア語・国語・浄土真宗・正教・カトリック・プロテスタントなど幅広く学ぶ。一時は商人に転向したこともあるという。後の歴史家からは「放浪の求道者」と名付けられた。

「五日市憲法」起草に尽力

卓三郎は、一八八〇年（明治十三）春より、自由民権運動が盛んだった神奈川県西多摩郡五日市村（現在の東京都あきる野市）の村立小学校の教師を務める傍ら、有志と憲法の草案作りに携わるようになる。

同校は、同じ仙台藩出身で、戊辰戦争の敗北を経験した永沼織之丞が校長を務めており、卓三郎を助教として迎えた。永沼の辞任後、卓三郎が二代目の校

▼大槻磐渓（おおつき・ばんけい）（一八〇一～一八七八）
幕末から明治初期の儒学者。玄沢の子。仙台藩養賢堂学頭、西洋砲術への興味から蘭学への関心を深め、「開港論」を主張した。

▼戊辰戦争（ぼしんせんそう）
一八六八年（慶応四、明治元、戊辰の年）から翌年まで行なわれた新政府軍と旧幕府側の戦いの総称。

▼白河口の戦い（しらかわぐちのたたかい）
慶応四年閏（うるう）四月二十日から七月十四日（一八六八年六月十日から八月三十一日）にかけて、南東北の要地白河小峰城（白河城、現在の福島県白河市）を巡る奥羽越列藩同盟側（仙台藩・会津藩・旧幕府歩兵隊・米沢藩・棚倉藩（白河藩）など）と新政府軍（薩摩藩・長州藩・大垣藩・忍藩）との戦い。

▼不敬罪（ふけいざい）
天皇や皇族、神宮、皇陵などに対して不敬の行為をする罪。一九四七年の刑法改正で削除された。

▼ニコライ（一八三六〜一九一二）
日本に正教を伝道したロシア人大主教。日本正教会の創建者。東京神田駿河台にある「ニコライ堂」は通称であり、正式には「東京復活大聖堂」。修道司祭（のち大主教）聖ニコライに由来する。

▼安井息軒（やすい・そっけん）（一七九九〜一八七六）
江戸時代の儒学者。名は衡、字は仲平、息軒は号。日向国宮崎郡清武郷（現・宮崎県宮崎市）出身。飫肥藩士。その業績は江戸期儒学の集大成と評価され、近代漢学の礎を築いた。

▼カトリック
ローマ教皇を一致して首長に仰ぐ教会。旧教。カトリック教。

▼プロテスタント
キリスト教の一派。カトリック教会に反抗し宗教改革を行ってできた。新教。その教徒。

▼永沼織之丞（ながぬま・おりのじょう）（一八三六〜一九一六）
名は秀実といい、織之丞は通称。宮城県桃生郡名振浜（現石巻市雄勝町）出身の仙台藩士、仙台藩藩校の養賢堂で大槻磐渓に学ぶ。五日市勧能学校の

長となる。一八八一年（同十四）、卓三郎はこの地で、私擬憲法「五日市憲法草案」を教え子の深沢権八らと起草したとされる。

「五日市憲法草案」は、「民間による憲法私案」の一つで、二〇四条から成る。本文は「日本帝国憲法」の題で書き始められており、一九六八年（昭和四十三）に東京都西多摩郡五日市町（現あきる野市）で山林地主の深沢家の土蔵から見つかった。言論や思想の自由、人民の政治参加、教育を受ける権利を盛り込むなど、現行の憲法に通じるものがあり、当時としては先進的な憲法案とされる。

深沢家の土蔵から八十七年ぶりに「五日市憲法草案」を発見したのは、東京経済大学の色川大吉教授（当時＝現名誉教授、日本近代史）のグループだった。明治時代に作られた極めて民主的な憲法案として、今では中学や高校の教科書にも紹介されている。

金成ハリストス正教会（栗原市金成）

初代校長を務め、この時期に千葉卓三郎を助教として迎えた。

▼私擬憲法（しぎけんぽう）
個人が私的に憲法について考えを練り、作成した憲法案。

▼五日市憲法草案（いつかいちけんぽうそうあん）
五日市の結社、学芸講談会による研究と討論を背景に作られたもので、詳細な人権規定を含む（私擬憲法案）。全文二〇四条。現行憲法の伏流を成したと意義付けされる。

▼色川大吉（いろかわ・だいきち）（一九二一～二〇二一）
日本の歴史家。東京経済大学名誉教授。専門は日本近代史。

東京都西部の多摩地区にある深沢家の土蔵

敗者が生んだ民衆憲法

明治維新の動乱で、日本国内の政治は薩長派閥が牛耳っていた。国民の不満は高まり、憲法制度と国会開設を求める自由民権運動が燎原の火のごとく全国に広がっていた。多摩地方は自由民権運動が最も高揚した地域の一つだった。中でも五日市は多摩地方の物流の拠点で、様々な人間が出入りし、卓三郎もそうした人間の一人だった。

一八八一年（明治十四）秋に開催予定の国会期成同盟会が迫っていた。卓三郎は民撰結社「五日市学会講談会」を結成し、毎月三回、討論会を開き、住民たちと新しい日本の国家像を議論した。住民との集団討論でまとめたのが「五日市憲法草案」で、「女性に参政権を与えるべきか否か」「出版をまったく自由にするのは是か非か」など、毎日のようにテーマを設け、議論を戦わせた。

「五日市憲法草案」には、法の前の平等、外国人を差別しない、教育の自由と受けさせる義務、信教の自由、三権分立や二院制などが盛り込まれており、現行の日本国憲法に驚くほど似ている。七十七条は地方自治の完全保障を意識し、現憲法より進んだものさえある、といっても過言ではない。

しかし、当時の政府は先手を打って欽定憲法制度の詔勅を発したため、国会期成同盟会による憲法審議は行われなかった。卓三郎らの憲法草案は提出先を失い、深沢家の土蔵に仕舞われたままとなり、戦後に発見されるまで長い眠りにつくことになる。

明治新政府内では、憲法を巡って大隈重信と伊藤博文による対立があった。大隈は「上奏文」を提出する。

「そもそも立憲政党とは政党政治のことであり、政党の争いは主義の争いなり。その主義は国民の支持を得れば、その政党は政権を獲得する」

大隈は憲法を明治十六年制定と定め、二年後に国会を開設するよう求めた。つまり、これは「藩閥政治の否定」に繋がるものであり、結局、大隈の狙いは英国流の政党政治だった。ただ、伊藤博文の考えとはずれがあり、大隈の思惑《おもわく》

▼燎原の火（りょうげんのひ）
野原を焼く野火のようにじわじわと広がること。

▼欽定（きんてい）
君主の命により選定すること。「欽定英訳聖書」「欽定憲法」など。

▼詔勅（しょうちょく）
天皇が意思を表明する文書。詔書と勅書と勅語。

▼大隈重信（おおくま・しげのぶ）（一八三八～一九二二）
政治家。佐賀藩士。維新政府の要職を歴任。主に財政部門を担った。「明治十四年の政変」で下野し、立憲改進党を結成。明治三十一年に憲政内閣（隈坂）の総理大臣兼外相。東京専門学校（現早稲田大学）を創立。

▼伊藤博文（いとう・ひろぶみ）（一八四一～一九〇九）
長州藩士。維新後、藩閥政権内で力を伸ばし、憲法制定の中心となる。首相・枢密院議長・貴族院議長。四度組閣。政友会を創設。元老、公爵。

▼上奏文（じょうそうぶん）
意見や事情などを天皇に申し上げること。

▼藩閥（はんばつ）
明治維新の推進力となった薩摩・長州・土佐・肥前（特に前二者）各藩の出身者を中心とする政治派閥。発足直後の明治政府で要職をほぼ独占した。

▼ロエスレル（一八三四〜一八九四）
カール・フリードリヒ・ヘルマン・ロエスレルは、ドイツの法学者・経済学者。明治の日本でお雇い外国人の一人として活動したドイツ人。

「五日市憲法」が刻まれた千葉卓三郎の顕彰碑（栗原市志波姫）

通りにはいかなかった。憲法の主要部分については、卓三郎たちがまとめた草案と大差はなかった。その後、伊藤らがドイツ人顧問のロエスレルらの助言を得て草案をまとめ、一八八九年（明治二十二）に大日本帝国憲法として公布、翌一八九〇年に国会が開会となった。

卓三郎は、一八八二年（同十五）に持病の肺結核が悪化し、翌一八八三年十一月十二日、治療の甲斐なく、東京府本郷区（現文京区）の竜岡病院で死去した。享年三十一歳の若さだった。

栗原市志波姫《しわひめ》にある卓三郎の生家跡は、「タクロン広場」として整備されている。「タクロン」は卓三郎のペンネームで、自身を「ジャパネス国法学博士タクロン・チーバー」と名乗ったという。栗原市とあきる野市は二〇〇六年（平成十八）に友好都市となって住民の交流が続けられている。

自由と平等を求めた卓三郎たちの情熱と精神は継承され、戦後に「日本国憲法」として蘇《よみがえ》った。敗者が生んだ民衆憲法、それが「五日市憲法草案」である。

第二章　美・遊・創・感

画／建築家・吉田イサム

9 大泉 淑子（おおいずみ・よしこ）

仙台藩茶道石州流清水派
〝中興の祖〟十世道鑑

『清水道鑑註解石州流三百箇條』（三巻）
及び道閑茶湯書』（全十八冊）

▼**宗家（そうけ）**
一門・一族の中心になる家。特に学問・芸術などの正統を伝えてきた家。家元。そうか。

▼**師事（しじ）**
師と仰ぐ人物につかえ、教えを受けること。

▼**皆伝（かいでん）**
師から技量の奥義をことごとく伝えられること。

大泉淑子（おおいずみ・よしこ）。石州流清水派十世道鑑《どうかん》は、一九〇九年（明治四二）十月、仙台市米ケ袋（現青葉区米ケ袋）で、父陸軍少佐落合房吉《ふさきち》と母ツイ（九世道鑑）の二女として生まれる。一九六一年（昭和三六）、石州流清水派宗家を継承し、十世道鑑と称された。

片平丁小学校を経て宮城県第一高等女学校を卒業。五歳から母九世道鑑に師事（入門）、一九二六年（大正十五）高等女学校卒業と共に皆伝を授与された。

高等女学校卒業後、さらなる進学を希望するも、両親の指示に従い嫁入り修業を始めた。そして、一九二九年（昭和四）陸軍少将大泉製之助《せいのすけ》の長男製明《のりあき》（東

大泉　淑子

北帝国大学工学部卒業。朝鮮総督府勤務）と結婚、朝鮮に渡る。朝鮮で子供五人（三女二男）をもうける。しかし、長男孝明《たかあき》を一歳時に病で失う。また二男康《やすし》（現十一世道鑑）も一歳の時、肺結核に罹《かか》り、大学病院ではもう助からないと宣告《せんこく》されたという。しかし、母淑子の献身的《けんしんてき》な看護の結果、奇跡的《きせきてき》に命を繋《つな》ぐことが出来た。

淑子の夫製明《のりあき》は、京城府《けいじょうふ》（現韓国ソウル特別市）の通信所所長（技師）だったが、一九四四年（昭和十九）四十歳の若さで不治の病により、幼い子供四人を残して他界。淑子は子供四人を連れ玄界灘を渡り、亡夫の実家（現仙台市若林区清水小路一・現在茶道教室）を目指して無事引き揚げた。しかし、これからが「我慢」と「努力」の人生をスタートすることになる。

この時期は、太平洋戦争終結直前で軍都仙台は米軍の空襲を受け、大混乱に陥っていた。間もなく終戦を迎えたが、とても茶道で四人の子供を育てられる社会状況ではなかった。

▼朝鮮総督府（ちょうせんそうとくふ）
朝鮮の植民地時代（一九一〇～四五）、支配の中枢として置かれた統治機関。一九一〇年（明治四十三）、韓国併合により、朝鮮は日本の植民地になった。立法・司法・行政の三種を掌握。

▼肺結核（はいけっかく）
結核菌によって起こる慢性の肺の感染症。肺病。

▼玄界灘（げんかいなだ）
福岡県の北西方の日本海。東は響灘（ひびきなだ）、西は対馬海峡・壱岐（いき）水道に連なり、冬は風波の激しさで名高い。沖ノ島、大島、小呂島（おろのしま）、烏帽子島、姫島、玄海島などがある。

▼太平洋戦争（たいへいようせんそう）
一九四一～四五年（昭和十六～二十）にかけて、日本と中国、アメリカ、イギリス、オランダなど連合国との間で起こった戦争。第二次世界大戦の一環。

▼**軍都（ぐんと）**
明治十九年に師団の所在地が定められ、仙台鎮台（ちんだい）は第二師団と称されることになった。
▼**仙台空襲（せんだいくうしゅう）**
一九四五年（昭和二十）七月十日朝、アメリカ軍の航空機によって焼夷弾（しょういだん）が投下され、仙台市中心部の約二割が焦土と化した。
▼**東北電々公社（とうほくでんでんこうしゃ）**
日本電信電話公社（当時）の略称。現在のＮＴＴグループの前身。
▼**非水溶液（ひすいようえき）**
水以外の全ての溶液のことを指す。

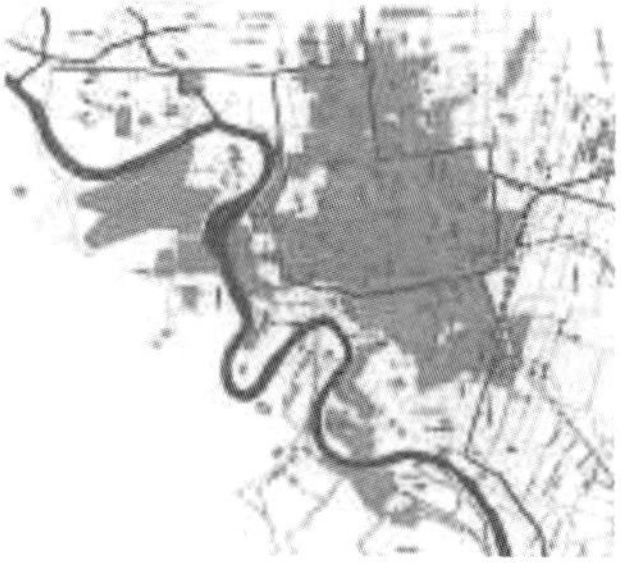
濃い灰色部分が空襲で焼失した市街地
（「仙台市史」特別編より）

そこで、淑子は一時洋裁で身を立てることを決心して、専門学校（宮城ドレスメーカー女学院）に通って洋裁の技術を習得した。大急ぎで洋裁研究所（塾）を開き、その教師をして子供たちを育てた。

母の背中を見て育った子供たち

淑子（十世道鑑）は、一人の母として、茶人・茶道研究者として「我慢」と「努力」の生涯を貫き通したが、子供たちはその母の背中を見て育ってきた。

長女妙子《たえこ》は向学心が旺盛で、母と同じ宮城県第一高等女学校に進むが、卒業後は経済的理由から希望する進学を諦《あきら》め、東北電々公社に勤務し家計を助けた。後に斎藤謙一《けんいち》（東北帝国大学法文学部法科卒業。宮城県勤務）と結婚して二人の子供に恵まれたが、仕事が続けられるように淑子が養育を全面的に受け持った。

二女幸子《さちこ》は、気のやさしい娘で、母の仕事を手伝い、幼少の弟（康）の面倒をよく見ていた。東北大学理学部に進学後、農学部に転部して、卒業後は同大学

▼嘱託医（しょくたくい）
正式の雇用や任命によらないで、業務に携わるよう依頼した医師。

石州流清水派宗家十一世
大泉康（道鑑）

掛物『綱村公御歌』
（仙台藩四代藩主伊達綱村公筆）

71歳の淑子

非水溶液化学研究所に勤務した。東京電力に勤務していた夫・安藤洪哉《こうさい》（東北大学工学部卒業）と結婚後に退職。子育ての手が離れてきた頃に、専業主婦から一転して、神奈川県葉山町の町議会議員となり、「緑を守る運動」の推進役として社会に貢献した。

三女雅子《まさこ》も母の生き方に強く影響を受けた。東北大学医学部薬学科（現薬学部）卒業後、二女と同じように大学の研究所に勤務し研究者を目指した。しかし、安積徹《あづみとおる》（東北大学教授）と結婚後、諸々の事情と子育てが一段落した頃、一大決心し、専業主婦から医師への転身をすることにした。並々ならぬ努力の甲斐《かい》があり、なんと五十五歳で秋田大学医学部に入学を果たした。その後、見事医師国家試験に合格。当時合格者の最年長日本記録を更新し、全国紙にも報道された。六十四歳になった雅子は、病院勤務の研修医時代、日曜日は仙台市内に住む実母の世話にもいそしむ。体の空く暇《ひま》はない。現在（二〇二一年）、八十三歳を過ぎても病院の嘱託医として高齢者の担当をしているという。

▼果皮（かひ）
種子を除く果実の部分で、主として子房壁の成熟したもの。

▼認知症（にんちしょう）
成人後期に病的な慢性の認知機能低下が起きる状態。以前は痴呆症（ちほうしょう）と言われた。物忘れ、徘徊（はいかい）などの問題行動を起こし、日常生活に著しい支障が生じることが多い。主な原因は脳梗塞（のうこうそく）など脳血管系の病気とアルツハイマー病。

▼茶道頭（さどうがしら）
仙台藩の茶の湯を直接担当する家臣団は、茶道衆である。茶道衆の筆頭にいた人物は一世清水道閑など。

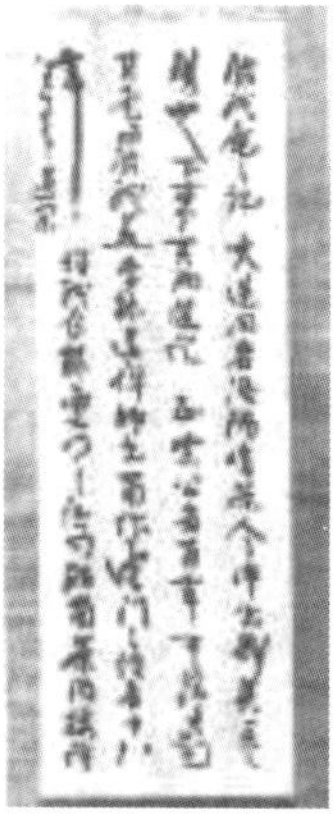
『渋紙庵之記』二世動鑑筆

三姉妹とも正に母の背中を見て育ったと言えよう。中高年者には勿論、青年たちにも多大な勇気と希望を与える生き方ではないだろうか。

二男康《やすし》（十一世道鑑《どうかん》）も母の背中を見て育った。幼少の頃は姉たちがよく面倒をみていたという。東北大学医学部薬学科卒業後は、一人の薬学研究者として一生を生き抜くことを考えるようになった。

康は、東北大学教授（薬学博士）就任を機会に「天然界から認知症《にんちしょう》に有効な天然素材の発見」をライフワークに決め、静岡県立大学大学院薬学研究科の特任教授として取り組んだ「未利用みかん果皮の抗認知症成分活用《かつよう》技術と高付加価値品種の開発」（農林水産省所轄プロジェクト）などが、週刊新潮《しんちょう》に記事掲載されたこともあった。

一方、康は石州流清水派の宗家《そうけ》の補佐・代理として、特に妻・紀子《のりこ》（教授道紀《どうき》、後の十一世道鑑の宗家代理）と共に十世道鑑の茶道活動を支えた。また、十世道鑑の茶湯書《ちゃのゆしょ》の解読研究成果に基づいて、数報の論文を茶道の学会誌に発表した。康は、現在でも薬学と茶道の正に二刀流へと成長を続けている。

十世道鑑の半生　〝流派の聖典〟出版

淑子（十世道鑑）は、康が大学へ進学し、子供の養育が一段落した頃から道鑑としての半生は、一転して〝茶道の道一筋〟に歩んでいった。藩政時代から伊達文化の中枢を歩んできた石州流清水派の茶道頭・宗家を継承してきた者としての使命を果たすのだった。伊達文化として、芸術性とその完成度が高度に達していた石州流清水派の真髄《しんずい》を後世に、正しく伝えなければならないという重責を感じる毎日を送ることになった。

日々弟子たちに茶道を教授する傍ら、茶道頭・宗家を継承した印（「三種の神器」）の一つで、またこの流派の聖典の役割を果たした文献『清水動閑註解石州流三百箇條』（三巻）、及びこれと関連が深く一体化している『動閑茶湯書』（全

▼神器（じんぎ）
神から授けられた宝器。特に天皇の地位と不可分の「三種の神器」として、「やたの鏡」「くさなぎの剱」「まがたま」を指すことが多い。石州流では、茶道頭・宗家を継承した印（しるし・神器）として以下の文献が伝わる。『清水動閑註解石州流三百箇條』（三巻）、『動閑茶湯書』（全十八冊）他。

▼聖典（せいてん）
その宗教の教理、教条、戒律、儀軌（ぎき）などを記した書物。

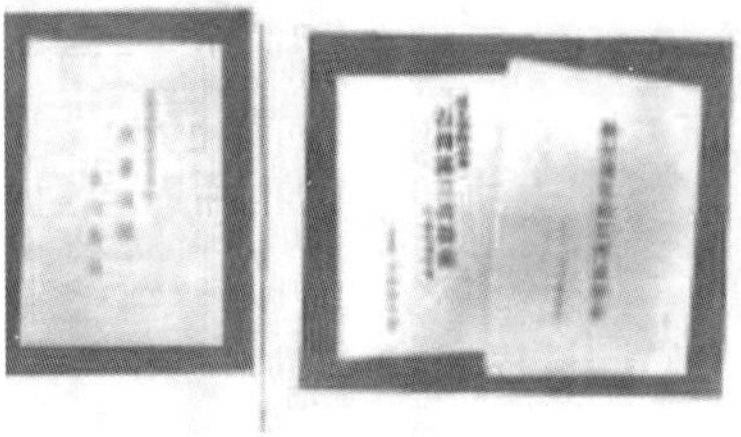
『仙台藩茶道石州流教本』（右）と『大泉道鑑言の葉集』

▼古文書（こもんじょ）
史料となる昔の文書。記録。

▼巻頭の言（かんとうのげん）
書物や巻物などの初めの巻首。

仙台藩茶道頭
1清水道閑 ─ 2動閑 ─ 3道竿 ─
4道簡 ─ 5道斎 ─ 6道春 ─
仙台藩茶道頭・宗家
7道幹 ─ 8道鑑 ─
宗家
9蒔合道鑑 ─ 10大泉道鑑 ─ 11大泉道鑑

十一世道鑑の宗家代理　大泉道紀（教授）の手前

十八冊）の解読研究をライフワークに定めた。

この目的を達成するための、茶湯に関する古文書、さらに収集した膨大な資料の解読研究等に八年以上の長い年月を費やすことになった。『清水動閑註解石州流三百箇條付仙台藩茶道』という本にまとめ、丸善出版センターから自費出版することにようやく漕《こ》ぎ付け、仙台藩の茶道の真髄と歴史の詳細を初めて明らかにすることに成功した。

瑞鳳殿で政宗公の法要《ほうよう》、献茶式《けんちゃしき》

十世道鑑の著書の出版に関しては、河北新報（昭和五十五年十月）や全国主要新聞でも紹介されるなど、名著と評された。また、本の「巻頭の言」には、当時の島野武仙台市長から、そして出版記念会には仙台市長はじめ関係者の出席のもと盛大に開催された。

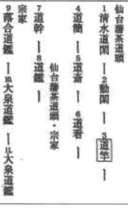

▼瑞鳳殿（ずいほうでん）

仙台市青葉区霊屋下にある仙台藩祖伊達政宗の霊廟。広瀬川の蛇行部を挟んで、仙台城の本丸跡と向かい合う経ヶ峯に位置する。元々あった建物は一九四五年（昭和二〇）七月一〇日の仙台空襲で焼失したが、一九七九年（同五四）にコンクリート造りの現代工法で復元された。

伊達政宗公の法要で献茶式を行った十世道鑑（昭和五七年・於瑞鳳殿）

この日は、十世道鑑の長年にわたる努力が報われた〝人生最良の日〟であったに違いない。また、仙台市・仙台市健康都市連絡協議会から表彰も受けた。瑞鳳殿で行われた伊達政宗公の法要《ほうよう》では、伊達家十八代当主伊達泰宗《やすむね》様らも出席の上、献茶式《けんちゃしき》（写真上）が執《と》り行われた。

十世道鑑は、石州流清水派の優美な手前が、貴重な伊達文化遺産であると確信するに至った。そこで、口伝の作法を後世に正しく伝えるため、それをおよそ十五年かけ、原稿に書き溜め、平成十四年に『仙台藩茶道石州流教本』として自費出版。同年『仙台藩茶道石州流教本特殊手前編』を、三番目には『仙台藩茶道石州流教本補遺』、さらに同二十二年、『仙台藩茶道石州流教本特殊手前編（二）』を出版して、宗家の責任を果たしつつ、そのわずか一週間後に百一歳で天寿を全うした。

石州流清水派の〝中興の祖〟として、茶道史にその名が深く刻まれよう。

10 佐藤 忠良（さとう・ちゅうりょう）

佐藤　忠良

学生時代に才能を開花

佐藤忠良（さとう・ちゅうりょう）は、一九一二年（明治四十五）、宮城県黒川郡落合村舞野《おちあいむらまいの》（現大和《たいわ》町）に生まれる。忠良が六歳の時、農学校の教師をしていた父親が病気で亡《な》くなり、忠良と弟は、母に連れられて北海道に移住。母は和裁を教えたり、着物を仕立《した》てたりしながら、大変な苦労をして忠良と弟を育てた。幼い頃から絵を描くことが大好きだった忠良は、札幌の学生時代に絵の才能《さいのう》を開花させ、公募展で連続入賞するほどの腕前になった。

「絵描きになりたい」になりたいという気持ちが抑えきれなくなった二十歳の秋、「とにかく東京へ出て、専門家のもとで、ちゃんと絵を学びたい」という

郷里の山々（忠良のスケッチ）

▼**和裁（わさい）**
和服を制作することやその技術。

▼**公募展（こうぼてん）**
広く一般から作品を募集した展覧会。

忠良に、母は苦しい生活にも関わらず、「やってごらん」と送り出した。

忠良は、日本の文化の中心である東京美術学校（現東京芸術大学）彫刻科に入学。様々な美術を学んでいくうちに、ロダンなどの近代彫刻と出合い、その素晴らしさに心打たれて、彫刻家を志《こころざ》すようになる。そして、生き生きとした人間の顔や像《ぞう》を次々と制作し、日本を代表する彫刻家になる。在学中に図画会展で受賞、文展にも入選した。一九三四年（昭和十四）、同美術学校を卒業。新制作派協会彫刻部の創立に参加。以後、晩年まで新制展は創作発表の中心舞台となった。

「恥かけ、汗かけ、手紙かけ」が口ぐせ

一九四四年（同十九）、軍隊に召集《しょうしゅう》され、満州に配属されるが、翌年には終戦を知らないまま約一ヵ月間、満州国内を逃避行《とうひこう》の後に投降。三年間のシベリ

▼ロダン（一八四〇〜一九一七）
本名は、フランソワ＝オーギュスト＝ルネ・ロダン。十九世紀のフランスを代表する彫刻家。「近代彫刻の父」として知られる。代表作は「地獄門」「考える人」など。

▼満州（まんしゅう）
中国の東北部一帯の俗称。もと民族名。行政上は東北三省（遼寧〈りょうねい〉・吉林〈きつりん〉・黒竜江〈こくりゅうこう〉各省）と内モンゴル自治区の一部にわたり、中国では東北と呼ぶ。

▼満州国（まんしゅうこく）
一九三二年（昭和七）から一九四五年（同二十）まで中国東北地方と内モンゴルを領域とした国家。

「母の顔」（宮城県美術館蔵）

ア抑留《よくりゅう》を経験した。

一九六六年（同四十一）、東京造形大学教授に就任。ある時、忠良のアトリエに学生たちがやって来た。「先生、これ見てもいいですか」。アトリエには、やりかけの彫刻も隠《かく》すことなく全部置かれていた。目を丸くした学生に、忠良は黙《だま》って頷《うなず》く。

（コツコツやってみる。それだけでも覚えてもらいたい）。

忠良の胸には、そんな思いもあったに違いない。

うまくいかなければやり直せばいい。地道な作業を、何度も繰り返す。もっともっと良い作品を目指して…。

忠良はこのことを学生たちに伝え、自らも体現してきた。忠良は彫刻だけでなく、新聞や雑誌の挿絵や絵本の絵も描いた。特に「おおきなかぶ」の絵は、見覚えのある人も多いのではないだろうか。

「おおきなかぶ」の絵本原画
（宮城県美術館蔵）

▼地道（じみち）
手堅く着実な態度。まじめなこと。

▼体現（たいげん）
自分の考えを具体的な形に表すこと。

▼挿絵（さしえ）
新聞・雑誌・書物などの紙面に挿し入れた文章に関係のある絵。「挿絵画家」。

▼おおきなかぶ
ロシア民話の一つ。大きく育った蕪をみんなの力で引き抜くという話。A・トルストイの再話物を内田莉莎子が和訳し、彫刻家・佐藤忠良が挿絵を描いた。一九六六年（昭和四十一）に福音館書店から出版された『おおきなかぶ』がベストセラーとなっている。

▼**賞賛**（しょうさん）
ほめたたえること。

▼**併設**（へいせつ）
主なものに合わせず設置、または整備すること。

「帽子の像」（宮城県美術館蔵）

佐藤忠良記念館が併設されている宮城県美術館

「佐藤忠良記念館」開設

宮城県立こども病院（仙台市青葉区落合）の玄関に飾られている『おおきなかぶ』のレリーフを忠良が制作した際、なかなか思うような作品にならなかった。結局、何ども造っては壊すという作業を繰り返し、完成したのは実に忠良が九十一歳の時のことだった。

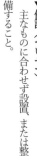

「恥《はじ》かけ、汗《あせ》かけ、手紙かけ」の「手紙」とは、親や周りで支えてくれている人への感謝を忘れず、感謝の思いを表現することの大切さを伝えている。

ところで、話は戦前に戻るが、世の中が戦争一色になった頃、忠良は母の顔の像を造ることにした。大変な苦労をして自分を育ててくれた母。その母の顔を造ろう―。この作品は、後にフランス、パリの国立ロダン美術館で開かれた日本人初の個展でも、見る人の心を打ち、大きな賞賛を受けた。

一九九〇年（平成二）、宮城県美術館（仙台市青葉区川内元支倉）に併設して

「佐藤忠良記念館」が開館した。忠良自身の彫刻や絵本の原画だけでなく、長年にわたって収集してきたピカソやシャガールなどの美術作品までも、郷里の記念館に寄贈《きぞう》されている。あの「母の顔」も、展示室の入り口で、静かにあたたかな光を放っている。

記念館は今でも訪《おとず》れる人々に、彫刻家としてだけではない、忠良の人間としての魅力を伝えている。また、作品の一部は生まれ故郷の大和町にある、ふれあい文化創造センター「まほろばホール」にも展示されている。彼の作品は、今も私たちに人として大切なことをそっと語り掛けてくれている。

技《わざ》を磨《みが》き続けた〝職人彫刻家〟

自らを「職人」と呼び、日本芸術院会員、文化功労者、文化勲章など様々な賞を辞退した彫刻家は、「わたしたち彫刻家をやっているのは、粘土《ねんど》をこねて、

▼まほろばホール
宮城県黒川郡大和町吉岡にあるホール棟と学習棟からなる施設。「まほろば」とは「素晴らしい場所」「住みやすい場所」を意味する古語。

▼日本芸術院（にほんげいじゅついん）
芸術上の功績が顕著な芸術家を優遇するための栄誉機関。

▼文化功労者（ぶんかこうろうしゃ）
文化功労者年金法（一九五一年制定）に定める、文化の向上発達に顕著な功績のあった者。対象者には終身年金が支給される。

▼文化勲章（ぶんかくんしょう）
学問・芸術などの文化の発達に卓越した功績のあった者に授与される勲章。一九三七年（昭和十二）に制定された。

▼舟越保武（ふなこし・やすたけ）（一九一二～二〇〇二）
佐藤忠良と共に戦後の日本を代表する彫刻家。東京芸術大学名誉教授。岩手県一戸町生まれ。

恥《はじ》をかいて、汗《あせ》をかいて、失敗して、やり直す、職人の仕事なんです」というのが口癖だった。そう繰り返しながら、休むことなく作品の制作を続け、晩年まで展覧会にも出品していた佐藤忠良——。

一九七〇年代には、「帽子《ぼうし》」シリーズに代表される現代感覚あふれる新境地を開拓。忠良の芸術は、同じ時期に活躍した岩手県出身の舟越保武とともに、多くの人々に熱烈に支持された。一九八一年にパリの国立ロダン美術館で個展を開き、フランスやイタリアの美術アカデミーの会員に迎えられるなど、そのヒューマニズムの芸術は、国内だけでなく海外でも高く評価された。

一九九〇年、宮城県美術館内に佐藤忠良記念館設立。一九九二年、第四十一回河北文化賞受賞。

二〇一一年、老衰のため東京都杉並区永福寺の自宅で死去。九十八歳。

▼個展（こてん）
一人の作品だけを集めて開く展覧会。

《佐藤忠良の主な作品》
「緑の風」（台原森林公園・仙台市青葉区）「支倉常長像」（仙台城大手門入口・仙台市青葉区。この他にも世界各地にある）「聖フランシスコ・ザビエル像」（大分市大手町の遊歩公園内）「夏の像」（釧路市幣舞橋）「微風」（名古屋銀行本店ロビー・名古屋市中区）など。

佐藤忠良記念館（宮城県美術館）

11 原 阿佐緒（はら・あさお）

恋多き女性　情熱の歌人

原　阿佐緒

原阿佐緒（はら・あさお）は、一八八八年（明治二十一）六月一日、宮城県黒川郡宮床《みやとこ》村（現在の大和町《たいわちょう》宮床）の素封家、父幸松、母しげの一人娘として生まれた。本名原浅尾。処女歌集『涙痕』、第二集『白木槿《むくげ》』、第三集『死をみつめて』、第四集『うす雲』などを出版。アララギ派、美貌《びぼう》の歌人として知られる。

阿佐緒の生まれた原家の本家《ほんけ》は、造《つく》り酒屋であった。分家の原家は、塩や麹を扱う商家であり、同時に広大な農地を所有する地主でもあった。裕福な家の一人娘として何不自由なく育った阿佐緒は、両親の意向で幼い頃から勉学に勤《いそ》しんだが、阿佐緒が十二歳の時、父と祖父が相次いで世を去った。このため、旧家原家は阿佐緒の母しげが女手一つで守っていくことになる。

▼素封家（そほうか）
大金持ち。資産家。

▼涙痕（るいこん）
大正二年、阿佐緒が二十六歳の時発表した処女歌集。涙痕＝涙の痕。

▼麹（こうじ）
米や麦に麹菌（麹かび）を繁殖させ、酵素をつくったもの。酒や味醂（みりん）、味噌、醤油などの醸造物の大切な原料。

原阿佐緒の生家

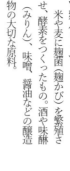

▼**原千秋（はら・ちあき）**（一九〇七〜没年不詳）

原阿佐緒の長男。映画監督として活躍するも、最後は映画製作で失敗し、阿佐緒に借財の負担をかける。

▼**短歌（たんか）**

漢詩に対して、上代に発生した日本固有の詩歌。五・七を基調とする長歌（ちょうか）・短歌・旋頭歌（せんどうか）・片歌などの総称。やまとうた。日本の伝統的詩型の一つ。明治期の短歌革新運動の中で、短歌と呼び変えられ、現在ではもっぱら江戸期以前の古典和歌を指して用いられる。

七つ森の山並み

父の死後も変わらずに、阿佐緒は高い教養を授けられた。一九〇一年（明治三十四）四月、阿佐緒は十四歳で宮城県高等女学校（現・県立宮城第一高校）に入学。そして一九〇四年（同三十七）、十七歳の時、母と共に上京し、日本女子美術学校の日本画科に入学する。この時、同校の英語教師だった小原要逸《おはらよういつ》と知り合う。やがて二人は恋愛関係となり、阿佐緒は小原の子を身ごもる。ところが、小原には妻子があった。それを知った阿佐緒は、別離を決意して帰郷。自分で決めたこととはいえ、悲しみに暮れる阿佐緒ではあったが、その悲しみをエネルギーに変え、短歌へと昇華させていく。この時の子どもが、後の映画監督、原千秋である。

昼は子どもの世話や農地、山林の見回《みまわ》りで忙しく過ごし、夜は机に向かってひたすら歌を作る日々。時には仙台の文学青年たちが阿佐緒のもとを訪《おとず》れ、短歌や文学談議に花を咲かせたという。

歌人として大きな成長

美しい恋に憧れる無垢な少女であった阿佐緒に突き付けられた現実は、思い描いていた理想とはかけ離れたものであった。裕福《ゆうふく》な家で何不自由なく育てられてきた阿佐緒にとって、ことさらに大きな悲しみに思えたのかも知れない。しかし、この悲しみの中にあっても、阿佐緒は短歌という新しい喜びを見出していた。

阿佐緒は歌人として大きな成長の過程にいた。「スバル」や「青鞜《せいとう》」を経て、一九一三年（大正二）に「アララギ派」への入会を果たしていた。短歌を明星派の与謝野晶子に師事。のちアララギ派の斎藤茂吉、島木赤彦の指導を受ける。九條武子、柳原白蓮と共に「三閨秀《さんけいしゅう》歌人（三人の優れた歌人）」としてその美貌と才能をうたわれた。

一九一四年（同三）、阿佐緒はかねてより思いを寄

原　阿佐緒

▼無垢（むく）
心身の汚れていないこと。うぶなこと。

▼スバル
明治・大正期の文芸雑誌。明治四十二年創刊、大正二年終刊。

▼アララギ派
短歌会の機関誌『アララギ』に集った歌人らの一派。『アララギ』は、明治四十一年、蕨真（けっしん）の手により創刊。伊藤佐千夫を中心に編集。斎藤茂吉・古泉千樫らが参加。平成九年終刊。大正・昭和を通じて歌壇の主流を成した。

▼明星派（みょうじょうは）
雑誌『明星』に拠った新派歌人及び新体詩人の一派。与謝野寛（鉄幹）・晶子を中心に、北原白秋・石川啄木・山川登美子らがいる。

▼与謝野晶子（よさの・あきこ）（一八七八〜一九四二）
歌人。寛の妻。新詩に加わり、雑誌『明星』で活躍。格調清新、内容は大胆奔放。歌集『みだれ髪』『佐保姫』『春泥集』のほか、『新源氏物語』など。

せていた仙台出身の洋画家・庄子勇と結婚（二十七歳）し上京。翌年二男保美を出産した。幸せの絶頂にあった阿佐緒であったが、間もなく保美を連れて帰郷し、夫とは離れて住む生活が続いた。夫と離れた寂しさを胸に秘めながらも、宮床の家で子どもたちと母親と暮らす穏やかな日常であった。その日常の様子を描いた歌も数多く残されている。一九一九年（同八）、阿佐緒と庄子との協議離婚が成立した。わずか五年の結婚生活であった。

東北帝大教授・石原純との恋愛

一九二〇年（同九）、阿佐緒は「アララギ」の同人として親交のあった東北帝大教授の石原純を知ることになる。東北大学病院に入院中の阿佐緒を見舞ったことをきっかけに、歌会などを通して石原は、阿佐緒への思慕を深めていった。しかし、阿佐緒は石原の思いに応えることを躊躇した。自分には子どもたちがいることと、そして石原にも妻子があったことも当然ながら大きな理由の一つ

▼斎藤茂吉（さいとう・もきち）（一八八三～一九五五）
歌人。精神科医。山形県生まれ。東大医学部出身。長崎医専教授。青山病院院長。歌集「アララギ」編集。作歌一万七千余。歌集十七冊のほか、『柿本人麻呂』をはじめ、評論、随筆も多い。文化勲章。

▼島木赤彦（しまき・あかひこ）（一八七六～一九二六）
歌人。雑誌『比牟呂』を創刊。「アララギ」を編集。

▼九條武子（くじょう・たけこ）（一八八七～一九二八）
西本願寺第二十一代法主（大谷光尊）の二女。和歌にも長け、『薫染』などの歌集がある。才色兼備としてもてはやされ、柳原白蓮、江木欣々と共に大正三美人と称された。

▼柳原白蓮（やなぎはら・びゃくれん）（一八八五～一九六七）
歌人。伯爵柳原前光（さきみつ）の娘。十六歳で華族女学校を中退して結婚。一児をもうけるが離婚。佐々木信綱主宰の短歌結社竹柏会に入会し、「心の花」に短歌を発表。九州の炭鉱王伊藤伝右衛門と再婚するも、その後

社会運動家宮崎龍介と恋に落ち、夫とは離婚状態であることを新聞に発表。労働運動家を助けながら歌や評論に活躍した。

▼**原保美（はら・やすみ）**（一九一五～九七）
　原阿佐緒の二男。俳優。昭和十三年、松竹大船に入る。阿佐緒の血を引く男前で、スターの座を駆け上がった。映画「悲しき口笛」で美空ひばりの兄役。NHKテレビ「事件記者」の「べーさん」などはよく知られている。東京俳優生活協同組合（所属俳優三百人超）理事長を二十五年務める。

▼**思慕（しぼ）**
　恋しくて、懐かしく思うこと。

▼**躊躇（ちゅうちょ）**
　ためらうこと。決心がつかず、ぐずぐずすること。

原阿佐緒と石原純

であったことだろう。また、阿佐緒には当時、思いを寄せていた人物が存在したとも言われている。
　大正十年、度重なる求愛と周囲からの説得により、阿佐緒は石原の思いを受け入れる決意をする。こうした二人の行動を、新聞各紙は一斉にスキャンダラスに報じた。石原が大学を辞していたこともあり、一方的に阿佐緒を悪者とした内容であった。これらの報道により、阿佐緒と石原は、長年活動の場としていた「アララギ」を退《しりぞ》くことにもなった。
　戸惑いながらであったが、阿佐緒は石原との生活を千葉県保田《やすだ》町（現・鋸南《きょなん》町）の海辺に居を定めた。しかし、執筆や歌作に時を過ごし、歌の仲間たちが集う生活であったが、綻《ほころ》びが生じる。七年間の生活の後、阿佐緒は一人で宮床へ戻った。ようやく安寧《あんねい》を取り戻した阿佐緒だが、翌年には収入を求めるために上京し、酒場勤めをする。一九三〇年（昭和五）には、自分自身の酒場「満々園阿佐緒の家」を開店する。

▼室戸台風（むろとたいふう） 昭和九年九月二十一日に発生。高知県の室戸岬西方に上陸、大阪を通り、日本海を北上、三陸沖に抜けた超大型の台風。全国の死者・行方不明者は約三千人に上った。

処女歌集「涙痕」

右から長男千秋、母しげ、阿佐緒、二男保美

不運で不慣れな生活

裕福な家に生まれ、何の不自由もなく育ち、歌人として芸術の世界に生きてきた阿佐緒。そんな阿佐緒が目の当たりにした社会の厳しさが、そこにあったのだろうか。生きるために着飾り、派手な化粧をして酒場に立つ阿佐緒は、それまで目にしなかった世の中の姿や人々の顔を前にした時、何を思ったのだろうか。

その後、阿佐緒は映画出演や歌の作詞を手掛け、大阪に新しい酒場を開店した。

慌ただしい夜の酒場での仕事では、酔客たちの心ない言葉に傷つくこともあったに違いない。かつては美貌の歌人として歌壇で活躍した彼女だったが、今は酒場の女として知るのみ——。

一九四〇年（昭和十五）、酒場での暮らしに疲れた阿佐緒は、宮床へと帰り着いた。前年の室戸台風によって書き溜めた歌の原稿を失っており、失意の上での

▼**歌碑**（かひ）
和歌を彫り込んだ石碑。

阿佐緒の二男・保美

原阿佐緒記念館（大和町宮床、著者撮影）

帰郷であった。以降、短歌誌などでの歌の掲載はほとんど見られなくなる。

一九四三年（同十八）には、女手一つで旧家を守り、阿佐緒を支え続けた母しげが亡くなった。また、長男千秋の映画製作の失敗により、阿佐緒は財産の多くを手放すことになる。一人宮床で困窮した生活を送ることになった。戦後、昭和二十九年、阿佐緒は神奈川県真鶴《まなづる》町に暮らす二男保美《やすみ》のもとに身を寄せた。

新たな生活の始まりであった。海を見下ろす家での息子夫婦と孫との穏やかな暮らしの中で、阿佐緒は再び短歌への思いを取り戻していく。大きな発表の場こそなかったものの、阿佐緒は手元のノートに多くの歌を記していった。毎日の出来事、孫たちへの優しい眼差し、気負うことのない阿佐緒の素直な心が書きつけられた短歌ノートは数十冊にも及んだ。

家族との穏やかな生活の一方で、仙台の歌人扇畑利枝《おうぎはたとしえ》や宮床の人々が中心となり、仙台大年寺山と宮床の生家に阿佐緒の歌碑が建てられた。

一九六九年（昭和四十四）、東京都杉並区の二男保美の家で、阿佐緒は息を引

扇畑利恵の歌碑

原阿佐緒（左）と扇畑利恵（昭和 34 年）

き取った。

「原阿佐緒生誕百年祭」を機に、しばらく世人から理解と支援を得、更に一九九〇年（平成二）六月一日の「原阿佐緒記念館」の開館に伴って、その名誉と地位は揺るぎないものとなった。

七ツ森と宮床の美しい風土の中に育まれ、蘇《よみがえ》った歌人・原阿佐緒をいつまでも郷土に輝いた女性の偉人として記憶に残しておきたい。（以上、「原阿佐緒記念館だより」参照　一部写真含む）

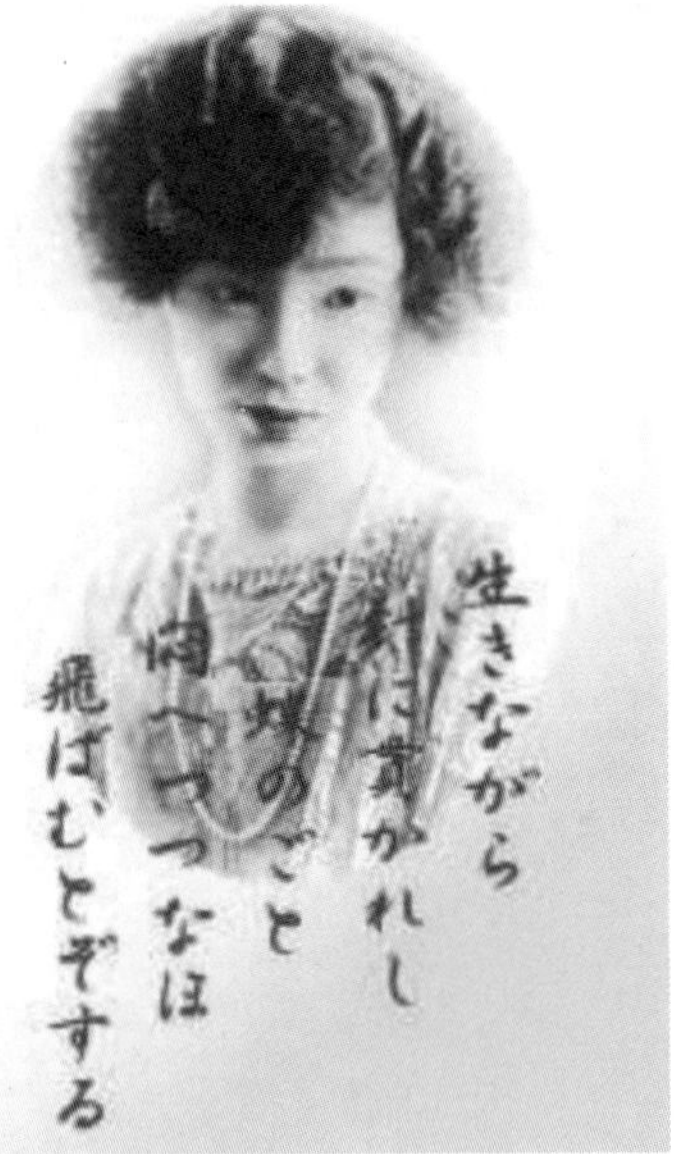

36 歳の原阿佐緒

12 井上 ひさし（いのうえ・ひさし）

井上　ひさし

井上ひさし氏
（写真・佐々木隆二）

川西町立図書館

▼遅筆堂（ちひつどう）
原稿の締め切りに間に合わず、何度も先延ばしにしたことから付いた。

▼主宰（しゅさい）
人の上に立ち、または中心となって物事を取り計らうこと。またはその人。

幼少期、父の蔵書を乱読

井上ひさし（いのうえ・ひさし）は、一九三四年（昭和九）十一月七日、山形県東置賜《ひがしおきたま》郡小松町（現・川西町）で生まれる。享年七十七歳。ペンネームは、〝遅筆堂〟。作家・劇作家。

ひさしの父、井上修吉は、実家が薬屋を経営していたため、薬剤師を目指す傍《かたわ》ら、文学青年として、文学雑誌への投稿や、地方劇団「小松座」を主宰するなどしていた。母マスは病院の下働きをしていた時に薬剤助手だった修吉と知り合った。駆け落ち同然だったためか、井上の籍には入らず、ひさしたち三兄弟は、戸籍上は非嫡出子《ひちゃくしゅつし》（婚外子《こんがいし》）として生まれた。

修吉は読書家で、町の図書館よりも書物を持っていたという。これにひさしの蔵書と合わせて七万冊の本が、一九八七年（昭和六十二）、川西町立図書館に

▼**脊椎（せきつい）カリエス**
感染した細菌が血流によって脊椎（背骨）に運ばれることで化膿する病気。

▼**神童（しんどう）**
並外れた才能を持った子ども。非凡な子ども。

▼**鞍馬天狗（くらまてんぐ）**
京都の鞍馬山に住んだと伝えられる天狗。大佛次郎（おさらぎ・じろう）の大衆連載小説の題名。また、その主人公の名前。勤王の志士出、新選組に対抗した。映画化されて人気を集めた。

▼**宮本武蔵（みやもと・むさし）**（一五八四～一六四五）
江戸初期の剣客。武者修行のため諸国を遍歴して二刀流を生み出した。二天一流の祖。佐々木小次郎との巌流島の決闘が名高い。晩年は熊本に住み、水墨画を描くなどした。吉川英治の新聞小説「宮本武蔵」が有名だが、演劇、小説、漫画、映画やアニメなど様々な文学、芝居、映像作品の題材になっている。

寄贈され、遅筆堂文庫としてオープンした。修吉は脊椎カリエスでひさしが五歳の時死去している。ひさしは幼少の頃から父が残した本を乱読して過ごし、「神童」と言われていた。

ひさしは、一九四一年（昭和十六）、山形県東置賜郡小松国民学校に入学。二年生の時、「鞍馬天狗を志し、木刀を腰に差す」など、少年らしい子供であったという。四年生の時、鞍馬天狗は架空の人物であることに気づき、将来の希望を宮本武蔵にかえたというエピソードもある。これは吉川英治の『宮本武蔵』を読んで感激したせいであるという。この頃、本家の隣にあった呉服店に、東京から縁故疎開してきた少女がいた。田舎町にはいない、都会的なその少女のことが気になったのだろうか、ひさしは隣家との境界にあった赤松の木に登っては、この少女を眺めるのが楽しみになったという。

この少女は、その後、白川由美という芸名で、東宝映画の女優としてデビューした。

▼**縁故疎開**（えんこそかい）
戦争の空襲被害などから逃れるため、親戚や知人を頼って都市部から地方へ移ること。

▼**飯場**（はんば）
土木工事の現場で働く人たちが食事をしたり、寝泊りする宿舎。

▼**仙台第一高等学校**（せんだいだいいちこうとうがっこう）
仙台市若林区元茶畑にある県立高校。一八九二年（明治二十五）、宮城県尋常中学校として創立され、以来百二十年余の歴史がある。長らく男子校だったが、二〇一〇年（平成二十二）には男女共学となった。

現在の仙台第一高等学校（仙台市若林区）
（写真・筆者）

「青葉繁れる」が小説家への道に

ひさしの母マスは、修吉の死後、旅芸人の男と同居したが、家のお金を持ち逃げされたりしたという。マスは、岩手県一関市で飯場（磐井川の護岸工事）をしていたこの男を探し出し、会社から追い出して、土建業「井上組」を立ち上げた。だが、経営はうまくいかず、程なく会社を解散。ひさしは、中学三年の時に小松町立新制中学校から岩手県一関市立中学校に転校した。この頃、母はラーメン店でアルバイトをしていたが、生活苦のため、ひさしと弟の二人を、仙台市にあったカトリック修道院ラサール会の孤児院（現・児童養護施設）「光が丘天使園」に預ける。こうして、ひさしは一関から仙台市内の中学校に転校。一九五〇年（昭和二十五）に、宮城県立仙台第一高等学校に入学し、東仙台の孤児院から通学するようになる。

高校時代、ひさしは映画に夢中になった。部活動が思うように出来ず、友達も出来なかった。同級生には東京大学法学部教授の樋口陽一、一級上には俳優の菅原文太がいた。菅原とは新聞部で一緒に映画を見たり、二人は井上原作の『吉里吉里人』を映画化しようと知恵を絞ったりもした。伸び伸びとした学校生活を描いた青春小説『青葉繁れる』で小説家としての道を歩み始める。

高校在学中には、投稿や読書、映画、野球に熱中し、成績は低迷。東北大学と東京外国語大学の受験に失敗した。早稲田大学には補欠合格、慶應義塾大学図書館学科にも合格したものの、学費を払うことが出来ずに入学を断念。孤児院の神父の推薦で上智大学文学部ドイツ語学科に入学できた。代々木上原のラサール修道院から大学に通うようになるが、元々ひさしはドイツ語には興味がなく、生活費も底をつき、大学を二年休学して母親のいた岩手県釜石に帰省し、国立釜石療養所の事務雇員となった。井上の母親マスは、釜石で焼き鳥の屋台やバーを長年にわたって経営した。

放送作家・劇作家として活躍の場を広げる

帰京したひさしは、上智大学フランス語学科に復学する。だが、釜石で働い

▼樋口陽一（ひぐち・よういち）（一九三四〜）
法学者。学位は法学博士。東北大学名誉教授、東京大学名誉教授、日本学士院会員など。

▼菅原文太（すがわら・ぶんた）（一九三三〜二〇一四）
「現代ヤクザ」「トラック野郎」シリーズで知られる俳優。

▼吉里吉里人（きりきりじん）
井上ひさしの長編小説。東北地方の一寒村が日本政府に愛想を尽かし、突如「吉里吉里国」を名乗り独立を宣言するという奇想天外なストーリー。昭和五〇年代に全国で独立国ブームを巻き起こした。

井上ひさしが済んでいたラサール会孤児院（現・児童養護施設・仙台市宮城野区）（写真・筆者）

て貯めた十五万円を、新宿花園町に通い詰めて二ヵ月で使い果たしてしまう。

一方、大学在学中から、浅草のストリップ劇場フランス座を中心に舞台の台本を書き始める。ショーに先駆け、一時間程度の小喜劇を出し物としており、特にフランス座は渥美清を筆頭として谷幹一、関敬六、長門勇といった後に日本を代表する喜劇役者の活躍の場であった。

一九六〇年（昭和三十五）、ひさしが二十六歳の時に上智大学を卒業。倉庫番の仕事を続けながら放送の仕事をしていた。昼間は放送局へ打ち合わせに出向き、夜は煌々と電灯を点して台本を書く日々。この年の主な仕事は、東京放送の連続子供ラジオドラマ「Xマン」、主演は坂本九だった。

一九六四年（同三十九）四月、NHK総合テレビで「ひょっこりひょうたん島」が始まった。児童文学者の山元護久氏との共作である。同年五月、港区赤坂の氷川《ひかわ》神社下に転居。ここで山元と共同生活を送りながら「ひょっこりひょうたん島」の脚本を書く。この連続人形劇は好評だった。前年三月、辻堂《つじどう》で長

▼青葉繁れる（あおばしげれる）
　井上の仙台一高時代の思い出を元にし、「東北一の名門校・仙台一高」に転校してきた主人公と落ちこぼれ四人組の青春劇。一学年上だった新聞部の先輩菅原文太や、一高に近い県第二女子高校（現二華高校）で井上と同学年だった若尾文子らがモデルとして登場する。

▼フランス座（ふらんすざ）
　正式には、浅草フランス座演芸場東洋館。東京都台東区浅草公園六区に所在する演芸場。

▼渥美清（あつみ・きよし）（一九二八～一九九六）
　日本の映画俳優。本名は、田所康雄。東京浅草のコメディアンを経て、テレビドラマ「男はつらいよ」に主演。同名の映画シリーズでも主演した。

▼ひょっこりひょうたん島
　一九六四年（昭和三十九）から六九年（同四十四）にかけてNHK総合テレビで放映された連続人形劇。人を乗せた小島が海に流れ出すという設定で、島のモデルは岩手県大槌町の大槌湾内にある蓬莱島とされる。

女都が生まれている。

一九六七年（同四十二）、三十三歳の時に三女の麻矢が生まれた。千葉県市川市郊外に転居。なお、この年、〝てんぷくトリオ〟の座付作者になると、熊倉一雄から戯曲を一本書くように依頼された。熊倉は、「ひょっこりひょうたん島」に声優として出演していた。彼の主宰する劇団「テアトル・エコー」に、ひさしは「日本人のへそ」を書き下ろす。これを契機に、ひさしは本格的に戯曲の執筆を始め、小説・随筆にも活動範囲を広げる。

ひさしが四十九歳の時、妻好子がつくった劇団「こまつ座」の座付作家となるが、三年後には好子と離婚。しかしながら、翌年、米原ユリと再婚し、男児をもうけた。

ひさしは、一日四十本のたばこを吸う愛煙家で、二〇〇九年（平成二十九）に肺がんと診断され、二〇一〇年（同二十二）四月九日、死去した。

▼てんぷくトリオ

一九六〇年代から七〇年代にかけて活躍したお笑い三人組。メンバーは南伸介、戸塚睦夫、伊東四朗。

▼劇団「こまつ座」

日本の劇団。一九八三年（昭和五十八）年結成。井上ひさし主宰による、井上作の戯曲のみを上演する演劇制作集団。

◆主な受賞歴

〇文化功労者。〇岸田國士戯曲賞。〇芸術選奨新人賞。〇直木三十五賞。〇読売文学賞（小説部門）。〇日本SF大賞。〇星雲賞（日本長編部門）。〇谷崎潤一郎賞。〇菊池寛賞。〇朝日賞。〇日本芸術院・恩賜賞など。他に仙台文学館初代館長も務めた。

◆代表作

〇「ひょっこりひょうたん島」（一九六四～一九六九年、人形劇）。〇「手鎖心中」（一九七二年、小説）。〇「藪原検校」（一九七三年、戯曲）。〇「吉里吉里人」（一九八一年、小説）。〇「四千万歩の男」（一九八六年、戯曲）。〇「東京セブンローズ」（一九九九年、小説）

13　宮城　新昌（みやぎ・しんしょう）

新しいカキ養殖を求めて北米へ

宮城新昌（みやぎ・しんしょう）は、新しいカキ養殖法を発明した人物である。一八八四（明治十七）～一九六七年（昭和四二）。生まれは沖縄で、地元の学校を卒業後、一九〇五年（明治三十八）、「世界で活躍したい」という夢を抱いてアメリカに渡った。この頃、アメリカの漁業は「とる漁業」から「育てる漁業」へと大きな転換点を迎えていた。このことは新昌にとって大変幸運なことであった。

新昌が米国西北部のワシントン州にある「オイスター・ファーム」という施設を訪れた時、そこで生産されるカキに魅了されてしまった。新鮮なカキを口に入れた瞬間、「何という豊かな味だ。これだけの味と栄養価があれば、世界中の人々に受け入れられるはずだ」と確信した。

宮城 新昌

▼カキ
貝殻は形がやや不規則で、海中の岩石や杭などに付着する。身は栄養に富み、美味。各種が全国に分布し、広島県、宮城県が特に生産量が多い。貝殻から貝灰を作る。

女川湾のカキ養殖

▼養殖（ようしょく）
魚介や海藻などを海中の生簀（いけす）や籠、池などを使って人工的に飼育すること。

中央の入江が万石浦

万石浦で行われていたカキ養殖

新昌は、アメリカでカキの養殖を始めようと考え、粘り強く当局にお願いしたが、彼が日本人であることを理由に養殖の許可が下りることはなかった。「ならば、近くにある別の国でやれないか」と考え、ワシントン州の北隣にあるカナダのBC州に渡った。カナダではカキ養殖の許可がすぐ下りた。ワシントン州北部からBC州にかけての太平洋沿岸部は、複雑に入り組んだリアス式海岸が続き、沖合にはバンクーバー島があって、波の静かな内湾が広がっている。

しかも、背後には豊かな森林地帯があり、プランクトンの豊富なカキ養殖にはうってつけの海域だった。新昌はバンクーバーでカキ養殖に取り組み、大成功を収める。こうして、カキ養殖の技術に自信を深め、日本でもカキ養殖を始める決意をした。日本に帰国した時、新昌はまだ二十九歳だった。

アメリカのカキ養殖を救う

新昌は、いずれ日本でもアメリカのように「とる漁業」から「育てる漁業」

へと転換する時代が来ると予想した。一九一三年（大正二）、アメリカやカナダでの経験をもとに、神奈川県にカキの養殖場と研究所をつくり、養殖したカキの販売を始めた。そんな時、アメリカでは海の環境が悪くなり、カキ養殖場が大ピンチになるという事態が起きていた。アメリカは新昌がカキの養殖技術を最初に学んだ場所だ。それを知った新昌は、アメリカのカキ養殖を助けられないかと考えるようになった。

仲間の中には「どんなに頼んでも養殖の許可をくれなかったアメリカを助ける必要はない」と話す人もいたが、新昌は「アメリカを助けるのは大変なことかも知れないが、成功すれば世界中へカキの素晴らしさを広めるきっかけになる」と手を差し伸べることを決意する。それは当たな苦難の始まりでもあった。

新昌は、改めてカキについて研究した。そこで分かったのは、アメリカのカキは日本のカキより病気に弱く、成長も遅いということだった。そこで、日本のカキを船で輸出し、現地で養殖するアイデアが浮かんだ。しかし、問題は輸

▼BC州

カナダ西部の太平洋に面した州。正式にはブリティッシュ・コロンビア州。州都はバンクーバー島にあるビクトリア。面積はカナダ国内で第五位の九四四、七〇〇平方キロ㍍で日本の約二・五倍。南はアメリカのワシントン州に接する。

▼バンクーバー

BC州最大の都市。周辺を含めたバンクーバー都市圏の人口は約二百六十万人（二〇二〇年）で、トロント（オンタリオ州）、モントリオール（ケベック州）に次いでカナダ第三位。木材、漁業、観光のほか、映画産業も盛ん。西部カナダの経済の中心。「レインシティ」と呼ばれるくらい雨が多く、特に冬場は連日のように雨天の日が続き、豊かな森林資源がある。

◆豆知識「牡蛎エキスの効用」

栄養分が豊富なカキから抽出した成分を濃縮した液体。主な成分は、「タウリン」（血圧の正常化など）「グリコーゲン」（血行促進・スタミナ維持など）「亜鉛」（肌荒れの改善、抜け毛防止、貧血予防など）。

出にかかる時間と船の設備だった。当時、日本から米国西海岸までは船で三週間かかり、冷蔵設備もなかった。最初は親ガキを生きたまま運ぼうと試みたが、到着するまでに全滅してしまう。次に、途中で何度も海水をかけながら運搬してみたが、生き残るカキはわずかだった。

途方に暮れた新昌だったが、ある時、アメリカのカキ養殖を観察していると、親ガキにカキの稚貝がついているのを見つけた。「稚貝なら生きたまま運べるかもしれない」、そう考えた新昌は早速実行に移す。予想通り、稚貝は乾燥にも強く、生きたままアメリカに到着した。日本の種ガキが、アメリカのカキ養殖産業を救うまでに四年半の歳月が流れていた。

垂下式養殖法の原型を生み出す

次に新昌が取り組んだのは、新鮮なカキを日本中で食べてもらいたいという新たな目標だった。そして、より効率的で生産性の高い養殖法の研究をスター

▼冷蔵設備（れいぞうせつび）
低温で生鮮品を保存するための設備。船や車などに付帯される。

▼親ガキ（おやがき）
生育したカキ。

▼稚貝（ちがい）
幼生の時期を終わって、砂泥または岩石上などに定着して間もない幼い微小な貝類。

▼垂下式養殖（すいかしきようしょく）
カキを海中に吊るして育てる生産方法。カキの稚貝が付着した貝（ホタテなど）をロープに挟み、それを海上に浮かべた筏から海中に吊り下げて育てる。

▼藁（わら）
稲や麦などの茎（くき）を乾燥させたもの。俵（たわら）や筵（むしろ）、草履（ぞうり）、縄（なわ）などの材料となる。

▼筏（いかだ）
木材や竹を水上輸送するためにつなぎ合わせたもの。

▼樽（たる）
酒や醤油（しょうゆ）などを保存したり、運搬したりする際に入れる木製の容器。桶（おけ）に似ているが、樽

トさせた。乾燥に強い稚貝を一度海から引き揚げ、成長を抑えながら強くする「抑制法」の実験である。この方法はアメリカに稚貝を運んだ経験がヒントとなった。一九二五年（大正十四）、ついに「垂下式養殖法」の原型を生み出す。この方法は現在も使われている。同時に新昌は稚貝をより強く育てられる海域を探して日本中を回った。選んだ場所は、宮城県石巻市の万石浦と近くの牡鹿半島にある荻浜である。新昌はここで大規模なカキ養殖を始めた。

　彼が生み出した方法は、画期的な技術ではあったが、最初からうまくいった訳ではなかった。当時のロープは藁を編んで作られていたため、海水に浸かるとすぐに腐ってしまう。養殖の筏につける浮き樽も錨も必要だった。人々は「別のものを使えば金がかかる。カキの養殖なんて無理だ」と、諦めてしまった。新昌は「私は米国で出来なかったことをカナダで成功させた。諦めるな。希望を持とう」、そう言い聞かせた。

　そのうち、藁にコールタールを染み込ませて丈夫にする方法が開発され、樽

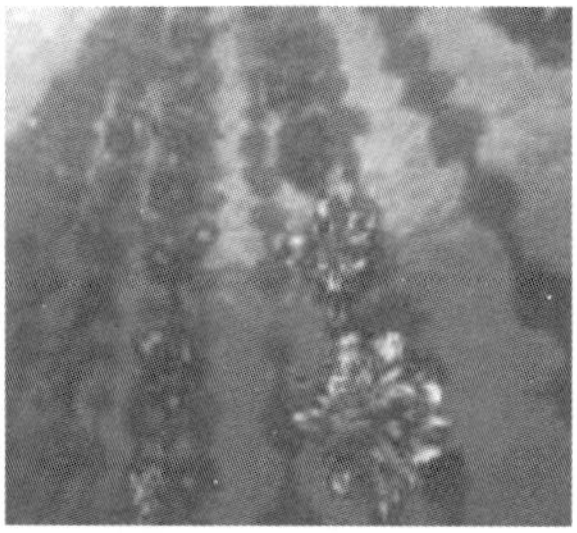

海中に吊り下げられたカキ

は蓋（ふた）がある。

▼錨（いかり）
船を停めておくために綱や鎖につけて水底に沈める重り。

▼万石浦（まんごくうら）
石巻市及び牡鹿郡女川町にまたがる内海。渡波で石巻湾と繋がっている。

▼コールタール
石灰をつくる際に出来る黒いねばねばした液体。

▼間伐材（かんばつざい）
植林し、ある程度成長した樹木の中から、成長の思わしくない木や陽当たりを考慮して不必要と思われる木を間引くのが間伐で、間伐した木材が間伐材。

松島湾に浮かぶカキの養殖筏（写真・鈴木麻夏）

▼**顕彰碑（けんしょうひ）**
社会的に大きな功績があった人のことを世間に知らせ、後世まで語り伝える目的で、石などで造った碑。石碑。

荻浜にある宮城新昌の顕彰碑（石巻市）

に使う高価な木材の代わりに間伐材を用いる方法も登場した。藁や間伐材の処理に困っていた農家や木材会社は喜んだ。

こうして、垂下式養殖法は軌道に乗り、やがて大粒のおいしいカキが大量に生産できるようになった。カキ養殖は、石巻の基幹産業に育っていくのである。

世界の養殖種ガキの八割は石巻産がルーツ

一九三一年（昭和六）、新昌は石巻に「国際ようれい」という会社を設立した。この会社はその後、カキ養殖のみならず、海藻類やホタテの養殖にも取り組み、「三つの養殖」から「三養水産」と名称変更した。現在も万石浦で地域資源の活用事業を行なっている。晩年もカキの研究を続け、「世界のカキ王」として、石巻のカキの素晴らしさを広める努力を続けた新昌は、一九六七年（昭和四十二）に亡くなった。人々は、新昌の功績を称え、一九七九年（同五十四）に荻浜に顕彰碑を建立した。（みやぎの先人集「未来の懸け橋」参照）

14 後藤　桃水（ごとう・とうすい）

郷土の唄発掘、伝承に力

後藤　桃水

後藤桃水（ごとう・とうすい）は、一八八〇年（明治十三）十月二十五日、宮城県桃生《ものう》郡野蒜村大塚浜（現東松島市）で生まれる。享年八十一歳。本名は正三郎で、若い頃から尺八の演奏に関心を持ち、修行に励んだ。

松島の　サーヨー
瑞巌寺ほどの
寺もない　トーエー
アレはエーエ　エトソーリャ
大漁だ　エー

読者の皆さんは、前出の唄をご存じだろうか。「斎太郎節《さいたらぶし》」という宮城県民謡《みんよう》の一節である。日本人なら、誰でも一度は聞いたことのある歌詞とリズムであ

松島湾の夕景（写真・筆者）

▼野蒜（のびる）
宮城県東松島市西部にある地域で、松島四大観の一つ、大高森の「壮観」で有名。奥松島の島々と白砂青松の砂浜で知られたが、二〇一一年三月に起きた東日本大震災の津波で大きな被害を受けた。

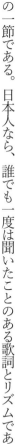

▼尺八（しゃくはち）

竹製の縦笛。奈良の正倉院に残る唐伝来の古代尺八（六孔）、江戸時代に虚無僧（こむそう）が用いた普化（ふけ）尺八がある。現代の一般的な尺八は、普化尺八のタイプ。一八世紀中頃より、一般人の吹奏が増加し、明治四年の普化宗廃止以降は娯楽用の楽器として急速に広まった。琴古（きんこ）流、都山（とざん）流などの流派がある。

後藤桃水の郷里、大塚付近（上）
尺八（右）

ろう。「斎太郎節《さいたらぶし》」は、松島湾の漁師が大漁の時に唄った歌で、後藤桃水が「大漁唄い込み」としてまとめ、全国的に有名になった。

桃水は郷土に伝わる唄を掘り起こし、歌い手も育てた。また、初めて「民謡」と名のついた大会を開き、民謡を広める活動も行なった。この功績《こうせき》を称え、「東北の民謡育《そだ》ての親」と言えばこの人しかいないと言われる。さらに各地の隠《かく》れた民謡を掘り起こしたばかりでなく、その価値を高めたのが後藤桃水である。

故郷の野蒜村に民謡道場を開き、多くの歌い手を輩出し、作曲や編曲にも取り組んだ。また、「斎太郎節」のほか、「八戸小唄《はちのへこうた》」「野蒜甚句《のびるじんく》」「大漁唄《たいりょううた》い込み」といった数多くの名曲を残した。「民謡と言えば、後藤桃水」と言われる所以でもある。

医学部を退学し、尺八に没頭

桃水の父親は、野蒜村の村長を務めるなど、由緒《ゆいしょ》正しい家の長男として生ま

民謡舞踊旗争奪戦の様子

▼瑞巌寺（ずいがんじ）

宮城県松島町にある。正式名称は「松島青龍山瑞巌円福禅寺」といい、現在は臨済宗妙心寺派に属する禅宗寺院。もともとは天台宗で延福寺と称し、八二八年（天長五）円仁が創建したと伝わる。北条時頼によって改宗され、一六〇一年（慶長十五）、伊達政宗により再興された。本堂や庫裏、廊下などは国宝に指定されている。「おくの細道」を書いた芭蕉も元禄二年（一六八九）にここを訪れている。

れる。厳しい父の教えもあり、桃水は幼い頃から勉強に励んだ。しかし、小学校の時は歌うことが苦手で、音楽には興味がなかったという。

桃水が初めて民謡に触れたのは、旧制中学時代の一九〇〇年（明治三十三）。宿泊した宮城村（現仙台市青葉区）の旅館で、大工が尺八で演奏していた「追分《おいわけ》節《ぶし》」の音色《ねいろ》に魅了《みりょう》された。翌日、仙台の尺八の名手に弟子入りする。

桃水は、第二高等学校（現在の東北大学）に進学し、父が希望する医学部に入った。ところが、この頃の桃水は医学の勉強ではなく、尺八の練習に没頭《ぼっとう》し、日本全国にある名だたる曲を演奏できるまでになっていた。そこで、桃水は尺八を本格的に勉強するために学校を辞め、上京することにした。

父は桃水に医者の道を志《こころざ》してほしいという願いを持っていたため、息子が唄の道に進むことには猛反対《もうはんたい》した。そして、とうとう桃水を家から追い出してしまう。その一方で、桃水の尺八の腕《うで》はめきめき上達する。同時に、尺八の練習に励しむうちに、郷土に伝わる唄に興味を持つようになる。しかし、当時は郷土の唄は「百 姓 唄《ひゃくしょううた》」や「田舎唄《いなかうた》」と言われて低く見られ、その土地に住む人以外は誰も知らなかった。

桃水は、日本各地の人里離れた山村や海辺の町々も隈《くま》なく歩いた。履いていた草履《ぞうり》は破《やぶ》れ、足も血だらけ。そんな桃水の様子を見て逃げ出す人もいたという。それで、一軒一軒家々に立ち寄っては声を掛け、唄に込められた意味や背景まで熱心に調べた。桃水の情熱に、町や村の人々も心を動かされ、いろいろな唄を調べたり、歌い手を紹介するなど協力してくれるようになる。こうして、桃水は各地に脈々と歌い継がれてきた民謡を発掘する。

松島が見える岬で「斎太郎節」を唄う

一九二三年（大正十二）に関東大震災が起きたのを機に帰郷するが、その後は東北地方の民謡を世に広めるために、野蒜村に道場「二葉園」を設け、多く

▼民謡（みんよう）

英語ではフォークソングといい、民衆の歌謡のことを指す。民間の俗謡。集団生活の場で生まれ、多くの人々に長く歌い継がれ、生活感情や地域性などを色濃く反映しているのが特徴。田植え歌や米搗（こめつ）き歌、桑歌（くわうた）、茶摘み歌、馬子唄、舟歌、などのように、労働の際に歌われる労作歌が多い。婚礼歌、祈祷歌、祭礼歌のような祝い歌や舞踊に付随する踊り歌などに分類される。広義には、地方色を帯びた新作歌謡（新民謡）をも含めていう。

▼関東大震災（かんとうだいしんさい）

一九二三年（大正十二）九月一日午前十一時時五十八分に発生した。南関東および隣接地で大きな被害をもたらした地震災害。死者・行方不明者は推定十万五千人で、明治以降の日本の地震被害としては最大規模の被害となった。

▼宮城県の民謡

「さんさ時雨」（仙台地方の代表的な祝儀歌。岩手・福島、山形の各県の一部でも歌われている）「斎太郎節」（牡

鹿半島の沿岸部を中心とする浜方で歌われる櫓漕ぎ歌（ろこぎうた）。「遠島甚句」（流刑地としての遠島〈とおしま〉）とは、ここでは田代島、網地島（以上石巻市）、江ノ島（女川町）を含めた一般的な称であろう。

▼さんさ時雨（さんさしぐれ）
伊達軍による勝ち戦の直後、伊達軍の将兵によって作られ、歌われたとされる民謡。仙台藩領においては、「祝いの歌」として広く歌われている。

後藤桃水の故郷にある「民謡碑」と胸像
（東松島市大塚）

の民謡家を育てるようになる。数ある民謡の中でも、桃水が特に力を入れたのは、古里宮城県の民謡「斎太郎節」だった。その練習は常に厳しく、熱がこもっていた。

ある日の練習で、弟子が「斎太郎節」を歌い終わった時、桃水はふと、ある村を訪れた時の情景が目に浮かんできた。これまで見たことのない山と海の風景。右手にはきれいに紅葉《こうよう》した山、左手にはいろいろな表情を見せる海の波の動き……。

しばらくして桃水は重い口を開いた。「君は松島のことを知っているのか。私に付いて来なさい」。桃水と弟子は、大塚の道路を出て、海に向かって歩き出した。着いたのは、松島湾が一望できる岬《みさき》である。

「ここで歌ってみなさい」。桃水の言葉に弟子は「何だろう」と思ったが、しばらく海を見つめていると、「ハッ」と何かに気づいたのだった。そして、心を込めて歌い始めた。桃水はその歌声を黙って聴《き》いていた。

桃水会の雅号審査会の様子

「桃門民謡民舞の祭典」の風景

古里の大塚浜に民謡碑建立

日本が終戦を迎え、国民は戦争に敗れ、希望を失っていた。桃水はこのような時、民謡を通じて国民に喜びと希望を与えようと考えた。戦後間もない昭和二十一年に始まった「NHKのど自慢大会」では、弟子が入賞するようになり、この時に歌った「さんさ時雨」や「大漁唄《たいりょううた》い込み」は、現在でも人々に愛され、長く歌い継がれている。

人々は古里を思う民謡の良さを知り、あらゆる場で民謡を歌うようになった。民謡は確実に国民の心に浸透《しんとう》していった。さらに、仙台の公会堂において、「日本全国民謡大会」が開催され、東北は民謡の宝庫《ほうこ》であるということが全国に知れ渡るようになった。桃水の功績を称え、一九四九年（同二十四）、郷里の大塚浜に民謡碑が建立された。

民謡で日本全国を元気にしたい、古里の良さを伝えたいという願いを持ち続けた桃水は、一九六〇年（昭和三十五）、享年八十一歳でその生涯を閉じた。

15 石ノ森　章太郎（いしのもり・しょうたろう）

中学時代、新聞に漫画を投稿し入選

石ノ森　章太郎

石ノ森章太郎（いしのもり・しょうたろう）。一九三八年（昭和十三）一月二十五日、宮城県登米郡石森町（現在の登米市中田町《なかだちょう》石森《いしのもり》）に、父康太郎、母カシクの長男として生まれる。本名は小野寺章太郎。姉、弟二人、妹の五人きょうだい。日本の近代史に残る漫画家。特撮作品の原作者として絶大な人気を誇った。勲四等旭日小綬章受章。享年六十一歳。

子どもの頃は太平洋戦争の影響で物資が不足し、子供用の本などはなかなか買ってもらうことが出来なかった。本が好きな章太郎は、父親の本棚にある本を片っ端から読み漁った。また、自分で絵を描き、「おもしろブック」と名付け

仮面ライダー（イメージ）

▼登米（とめ）

宮城県北東部にある市名。旧登米郡内の八町（迫町、登米町、中田町、東和町、米山町、石越町、豊里町、南方町）と旧本吉郡津山町が合併して二〇〇五年（平成十七）に誕生した。登米の読み方は、登米市登米町（とめしとよままち）で、市名が「とめ」、町名は「とよま」となる。

▼手塚治虫（てづか・おさむ）（一九二八〜一九八九）

本名は治。大阪府豊中市生まれ。五歳の時に兵庫県宝塚市に移る。大阪大学附属医学部専門部卒。医学博士。一九四六年（昭和二十一）、毎日小学生新聞連載の「マアチャンの日記帳」でデビュー。酒井七馬との合作長編「新宝島」（一九四七年）が四十万部の売り上げを記録し、全国に読者を広げた。「ロストワールド」（一九四八年）、「メトロポリス」（一九四九年）、「来たるべき世界」（一九五一年）のSF三部作で強烈なドラマ性を持つ長編漫画技法を確立。「鉄腕アトム」（一九五一年）「ジャングル大帝」（一九五〇年）などで戦後の少年漫画の主流をつくった。

手塚治虫氏（上）とジャングル大帝シリーズ（下）

た本を自作したりして遊んだという。当初は映画監督になりたいという 志《こころざし》を抱いていたが、章太郎が九歳の時、「マンガの神様」と呼ばれる手塚治虫が、『新宝島』というマンガの単行本を発売。それを読んだ章太郎は、まるで映画のように今にも動き出しそうな絵の一つ一つに心を奪われ、マンガの素晴らしさに夢中となった。そして、自分でもマンガを描くようになった。

中学二年になった章太郎は、『毎日中学新聞』に四コマ漫画を投稿して入選する。これ以来、投稿マニアとなったという。宮城県佐沼高校に進学後、『漫画《まんが》少年《しょうねん》』への投稿仲間を募って「東日本漫画研究会」を結成。この頃、既に漫画の業界では「宮城県に天才がいる」と評判になっていた。

手塚治虫のアシスタントで上京

同じ年、手塚の紹介で『漫画少年』に章太郎の作品が掲載されることが決まる。高校在学のまま、プロとしてデビューすることになった。デビューするに

▼トキワ荘（ときわそう）
日本を代表する漫画家たちが若手時代に住んでいた木造二階建てアパート。東京都豊島区南長崎三丁目に一九八二年まであった。老朽化で一度取り壊されたが、「漫画家の聖地」となったことで、豊島区立の復元施設「トキワ荘マンガミュージアム」として、二〇二〇年七月に復活した。

ロボコン（イメージ）

▼石ノ森章太郎ふるさと記念館
石ノ森章太郎の顕彰とマンガを活用した生涯学習の推進を目的に生家の近くにある施設。

当たり、ペンネームを決めなければならない。そこで、出身地の「石森《いしのもり》」にちなんで「石森《いしのもり》章太郎《しょうたろう》」としたが、「石森」を正しく読んでもらえず、「石森《いしもり》章太郎《しょうたろう》」と呼ばれるようになった。

この頃、大学を目指して受験勉強に力を入れるよう、父親に何度も言われたが、受験勉強には身が入らず、漫画ばかり描く毎日を送っていた。章太郎は、新聞記者や映画監督、小説家にも憧れていたので、漫画家を続けながら生活費と学費を稼ぎ、それから大学を目指そうと考えていた。章太郎の姿勢を両親はよく思わなかったが、ただ一人、姉の由恵だけが「上手ねえ。章太郎の好きなことをするのが一番なのだから、漫画を描くのがいいと思う。東京に行きなさいよ」。そう言って章太郎の背中を押してくれたという。

一九五六年（昭和三十一）、章太郎は上京し、「トキワ荘」というアパートに住むことになる。「トキワ荘」には、漫画家の卵（「ドラえもん」の作者・藤子・F・不二雄、「天才バカボン」の作者・赤塚不二夫など）がたくさん住んでいた。

石ノ森章太郎の生家（登米市中田町）

▼好奇心（こうきしん）
珍しいものや未知のものに強い興味・関心を持つこと。

▼急逝（きゅうせい）
急に死去すること。急死。

▼喘息（ぜんそく）
気道に炎症が起こることで、咳、痰、息苦しさ、喘鳴（ぜんめい・呼吸する時にゼーゼー、ヒューヒューという音がでること）、胸苦しさなどの症状があらわれる病気。悪化すると死に至る場合がある。

また元々好奇心旺盛だったので、章太郎が描く漫画の分野は幅広いものだった。編集者から漫画の執筆を頼まれると断り切れず、いつも原稿の締め切りに追われた。漫画を描くだけで精一杯の生活になり、結局大学受験は諦めてしまう。

そんな時、姉が持病で倒れた。元々病弱だった由恵は、療養を兼ねて章太郎から一年ほど遅れて上京し、章太郎とトキワ荘に同居していた。美人だった由恵は、たちまち漫画家の卵たちのマドンナ的存在になる。だが、幸せな時間は長く続かなかった。姉が急逝したのである。持病の喘息の悪化だったという。

世界旅行が後の作品に好影響

最大の理解者だった姉を失ったことは、後の章太郎の作風に大きな影響をもたらした。姉の死でショックを受けた章太郎は、世界旅行に出掛ける。二十三歳の時である。観光ではなく、記者の肩書で出版社から旅費を借り、帰国して働いて返済するという、半ば無茶な約束である。アメリカ、イギリス、フラン

▼特撮（とくさつ）
特殊撮影（とくしゅさつえい）の略。映画やテレビ番組などで、特別の機器・装置や技法を使って撮影し、現実には起こりえないことや特殊な効果を表現すること。高速度撮影・微速度撮影・顕微鏡撮影・トリック撮影・スクリーンプロセスなど。

石巻駅にある「サイボーグ009」と「仮面ライダー」の像

▼ギネスブック
ギネス自体はアイルランドのビール会社名。多種多様な世界一の記録集。一九五六年（昭和三十一）以降、毎年発行されている。

ス、オーストリア、ドイツなど、三カ月に及ぶ一人旅だった。初めての海外旅行に夢中の章太郎は、いつか漫画のことは頭から消えていた。

帰国して自分の部屋に戻ると、いつも使っていた机やペンなど目に映るものが前とは違う景色に見えた。章太郎はぐっとペンを握り、勢いよく描き始めた。旅行中に読んでいた科学雑誌に掲載されていたサイボーグをヒントにした作品である。人気作品「サイボーグ００９」がこうして生まれた。

この作品は予想を超える反響があり、やがて章太郎の作品は様々な雑誌に掲載されるようになる。後に章太郎は、この作品を自分の意志で漫画を選び、プロとして再出発を果たした最初の作品、と振り返っている。

一九七一年（昭和四十七）から東映特撮作品「仮面ライダー」の原作とその漫画化を担当。漫画の実写化ではなく、制作会社である東映の企画に設定とキャラクターデザインを提供。それを元に漫画を執筆するというスタイル。この成功を切っ掛けとして多くの変身・特撮ヒーロー番組の原作を手掛けた。

▼石ノ森萬画館（いしのもりまんがかん）
石ノ森章太郎の作品を中心にマンガの可能性を体験し学んでもらう事を目的としたマンガミュージアム。

▼中瀬（なかぜ）
石巻市の旧北上川河口に近い場所にある中洲。かつて百六十年続いた映画館「岡田劇場」があり、石ノ森章太郎も学生時代に登米の自宅から自転車で映画を見るために通ったという逸話がある。東日本大震災の津波で劇場は建物ごと流され、残っていない。

旧北上川河口の中瀬に建つ石ノ森萬画館
（写真・鈴木開）

石巻に「石ノ森萬画館」開設

様々なことに興味のあった章太郎の感性は、描き出す漫画の中で大いに発揮される。「マンガの王様」と呼ばれるようになったのは、数多くの素晴らしい作品を生み出したのは当然だが、SF長編、ドタバタギャグ、大人向けの時代物、日本の歴史など、そのテーマは幅広い。高校二年生でプロの漫画家としてデビューし、生涯に描いた作品数は七百七十作、ページ数は十二万八千枚に及ぶ。様々なテーマに果敢に挑戦した作品数は、ギネスブックにも掲載されている。自分の郷里に対する思いを持ち続けた章太郎は、四十八歳の時にペンネームを「石ノ森」に変えた。「いしのもり」と正しく読んでもらいたいとの思いだった。

登米市中田町には、平成十二年に「石ノ森章太郎ふるさと記念館」が開館。生前、章太郎が第二の古里と話していた石巻市中瀬には、二〇〇一年七月に「石ノ森萬画館」が開館した。二つの施設とも、全国から大勢の人が訪れている。

仙台領　代官所・町場・境目配置図

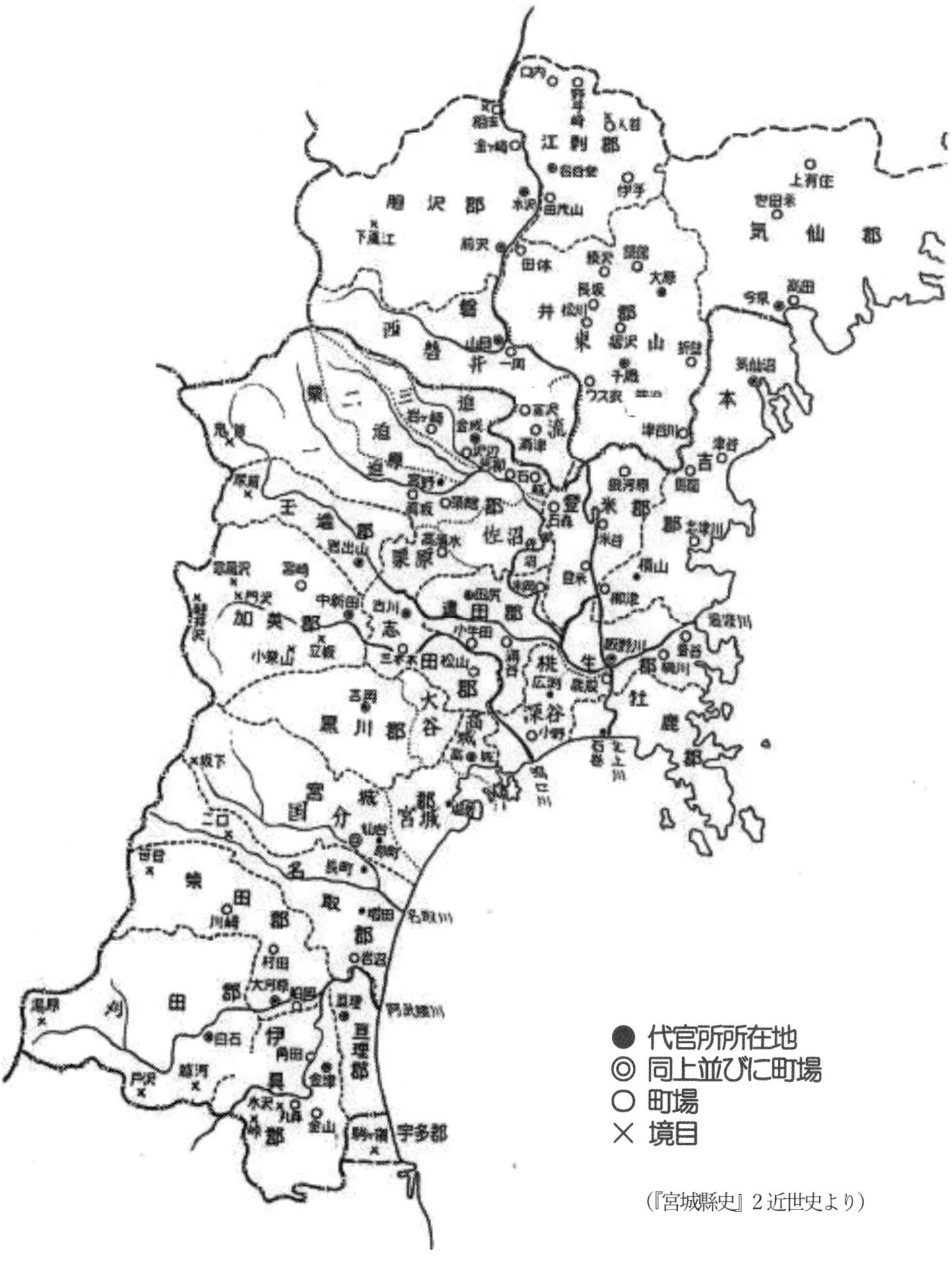

● 代官所所在地
◎ 同上並びに町場
○ 町場
× 境目

（『宮城縣史』2 近世史より）

あとがき

思った通りにはならないが、
やった通りにはなる！

書斎にある荒了寛（あら・りょうかん）の日めくりカレンダーの格言である。
了寛は、仙台市にある仙岳院法嗣となり、その後ハワイ及びアメリカ本土で仏教の布教活動に従任、独自の画法による分かりやすい仏画も描き、著書も多い。もう一つ紹介しよう。

失敗して利口になる　挫折して強くなる
人生に無駄はない！

人生、何歳になっても夢を持つことは素晴らしいことである。たとえ、夢が夢で終わってしまったとしても、決して「夢をみたこと」自体が無駄ではないのである。人生がそれだけ豊かになる、と考えれば気持ちが前向きになるというものである。
今、想えば八十六歳になったが、少しは〝やった通りになった〟かな?と思う。高校（母校）の校庭には、郷里（岩手県一関市）の大先輩、大槻玄沢（おおつき・げんたく、江戸後期の蘭学者・蘭医）の格言が石碑として残っている。そこには〝遂《と》げずばやまじ〟とある。本書第一章の章タイトルとして記載させていただいているが、この意味は「井戸を掘るならば、水が出るまで掘りなさい」という意味だという。失敗を恐れず、夢に向かって進みましょう、社会に貢献するという哲学こそが、何よりも大切であることを教えてくれていると思う。

私の菩提寺（仙台市若林区・林香院）の山門の脇には、〝念ずれば花開く〟と刻まれた小さな碑が建っているが、これも大好きな言葉だ。出来れば、来年も「仙台領に生きる郷土の偉人傳」を書き続けたいと念じている。自分なりに今の自分に出来る社会貢献だと思う。

本書を出版するに当たって、前書と同じように「見やすく」「読みやすく」「分かりやすく」、つまり、〝三やすく〟をモットーとしている。私の拙《つたな》い〝紙芝居〟（本書）を発行するに当たって、仙台市博物館、河北新報社など個人を含めて多くの資料、写真等を参考にさせて頂いた。改めて厚く御礼申し上げる次第である。編集に当たっては、本の森の大内悦男氏に大変お世話になりました。感謝申し上げます。

令和四年二月

古田　義弘

参考文献

『宮城県史』宮城県　昭和四一年
『仙台市史』近世1　仙台市史編纂委員会　昭和一三年
『仙台市史』近世2　同　同一五年
『仙台市史』近1　同　同二〇年
『宮城県の歴史散歩』宮城県高等学校社会科研究会歴史部会　平成一九年
『石巻市史』石巻市　昭和四一年
『一関市史』一関市　平成五年
『登米町史』登米町　平成二年
『仙台藩ものがたり』河北新報社編集局　平成二〇年
『宮城県の歴史』高橋富雄　山川出版　昭和四四年
『建部清庵の世界』大島英介　一関教育研究所
『藩医建部清庵の医療活動』大島晃　建部清庵文化顕彰会　世嬉の一酒造　平成二九年
『建部清庵―「一関に過ぎるもの」といわれるのはなぜか』相馬美貴子　平成二八年
『河北新報』記事参照　二〇一四年二月九日
『仙台藩の学者たち』鵜飼幸子　仙台・江戸叢書⑰　平成二三年
『せんだい歴史の窓』菅野正道　河北新報社　平成二四年
みやぎの先人集『未来の架け橋』宮城県教育委員会編　昭和二〇年
『りらく』記事参照　木村紀夫　（株）プランニング・オフィス　令和二年
『仙台藩の戊辰戦争　幕末維新人間録』荒蝦夷　木村紀夫　平成三〇年
『仙台藩の学問と教育』大藤修　仙台・江戸学叢書⑬　平成二一年
『仙台市史』近世3　仙台市史編纂委員会編　平成一六年
改訂郷土史事典⑥『宮城県』佐々久編　昌平社　昭和五七年
『河北新報』記事参照　二〇二〇年一〇月一六日
『りらく』記事参照　木村紀夫　（株）プランニング・オフィス　二〇二一年一月号
『宮城県百科事典』河北新報社　昭和五七年
『仙台藩歴史用語辞典』仙台郷土研究会　平成二〇年
『仙台農政の研究』近世村落研究会　日本学術振興会　昭和三三年
『さんさ時雨考』浅野建二　和泉書院　昭和五八年
『利水・水運の都仙台』佐藤昭典　仙台・江戸叢書②　平成一九年
『伊達の国の物語』菅野正道　（株）プレスアート　令和三年
『東和町史』東和町　昭和六〇年
『岩手年鑑』岩手日報社
『ナイン』井上ひさし　（株）講談社　平成二年
『伊達な文化の伝承と記憶』古田義弘　本の森　平成三〇年
『仙台藩の戊辰戦争　―東北諸藩幕末戦記―』木村紀夫　荒蝦夷　平成三〇年
『仙台城下の町名由来と町割』古田義弘　平成二五年
『仙台八街道界隈の今昔』古田義弘　平成二六年
『河北新報』記事参照　平成二六年二月九日
『河北新報』記事参照　令和三年九月一五日
『河北新報』記事参照　平成二年一一月三日

古田 義弘（ふるた・よしひろ）

郷土史研究家。

◎1936年1月岩手県一関市に生まれる。岩手県立一関一高卒。
日本大学芸術学部中退。法政大学社会学部卒。東北大学教育学部・同工学部研究生修了。

◎仙台郷土研究会員。歴史研究会員。住宅問題評論家。元東北福祉大学教授。元（株）フルタプランニング社長。宮城県教育庁（生涯課）講師。元東北ハウジング・アカデミー学院長。元杜の文化会議会長。元東北福祉大学福祉住環境研究所長。元修紅短期大学（一関市）講師。「政宗ワールド」プロジェクト名誉理事。元東北都市学会顧問。岩手県立一関一高同窓会仙台支部顧問。みやぎ地域リハビリテーション懇話会顧問。仙台藩茶道石州流清水派道門会顧問。

◎主な委員／元宮城県地価調査委員会委員（25年）。元宮城県の住宅の現状と将来に関する調査委員会委員。元宮城県宅地需給等計画策定委員。元仙台市都市計画基本計画検討委員副委員長。元仙台市市営住宅新家賃検討委員会委員。元あぶくま建築賞選考委員会副委員長（20年）。元財みやぎ建築総合センター「21世紀型地域創生プログラム」特別委員会委員。元宮城県住宅供給公社嘱託顧問他。

◎テレビ／NHK・仙台放送（12年）・東日本放送（13年）・岩手放送（5年）・山形放送（2年）で企画・出演（キャスター・解説）

◎ラジオ／NHK・東北放送（35年）・ラジオ福島（33年）・岩手放送（24年）・山形放送（12年）

◎著書／『仙台城下の町名由来と町割』『仙台八街道界隈の今昔』『仙台城下 わたしの記憶遺産』『現代に生きる歴史上の人』『現代マイホーム考』『居は気を移す』『家は人を創る』『意識（こころ）はあなたを変える』『宮城県百科事典』（共著 河北新報社）『仙台圏 分譲地と住宅の案内』『吾が道 一を以って貫く』『仙台市史』（現代2 共著）『伊達な文化の伝承と記憶』『仙台領に生きる郷土の偉人傳 Ⅰ』『仙台領に生きる郷土の偉人傳 Ⅱ』等。

仙台領に生きる　郷土の偉人傳 Ⅲ

2022年2月10日　初版発行

編著者　古田 義弘
発行者　大内 悦男
発行所　本の森
仙台市若林区新寺一丁目5－26－305（〒984-0051）
電話＆ファクス 022（293）1303
Email　forest1526@nifty.com
URL　http://honnomori-sendai.cool.coocan.jp

表紙・イラスト　古田 義弘

印 刷　共生福祉会　萩の郷福祉工場

定価は表紙に表示しています。落丁・乱丁本はお取替え致します。

ISBN978-4-910399-05-8